Abenteuer ETHIK 6

Realschule Bayern

Erarbeitet von Lars Fischer, Stefanie Pfister,
Michael Richling und Verena Schmid Blumer

C.C.BUCHNER

Abenteuer Ethik
Realschule Bayern
Band 6

Erarbeitet von Lars Fischer, Stefanie Pfister,
Michael Richling und Verena Schmid Blumer

1. Auflage, 1. Druck 2018
Alle Drucke dieser Auflage sind, weil untereinander unverändert, nebeneinander benutzbar.

Dieses Werk folgt der reformierten Rechtschreibung und Zeichensetzung. Ausnahmen bilden Texte, bei denen künstlerische, philologische oder lizenzrechtliche Gründe einer Änderung entgegenstehen.

Redaktion: Simone Knjasew
Layout und Satz: HOCHVIER GmbH & Co. KG, Bamberg
Illustrationen: Bettina Kumpe, Braunschweig
Umschlag: HOCHVIER GmbH & Co. KG, Bamberg
Druck und Bindung: creo Druck & Medienservice GmbH, Bamberg

www.ccbuchner.de

ISBN: 978-3-661-**20066**-8

Wie das Schülerbuch die Inhalte vermittelt

Auftaktseite

Hier startest du. Ein Bild zusammen mit einigen Schlagworten sollen dich auf Ideen bringen. Denn bestimmt weißt du bereits einiges zum Thema. Und das sollst du am Anfang eines neuen Themas immer einbringen. Dein Vorwissen ist nämlich der eigentliche Startpunkt. Bei den Auftaktseiten der Unterkapitel findest du außerdem Materialien (Texte oder Bilder) zusammen mit Aufgaben.

Inhaltsseite

Zu jedem Schlagwort der Auftaktseite findest du im Kapitel eine passende Inhaltsseite. Auch hier bringst du dein Vorwissen ein. Mithilfe der Materialien, die mit **M** gekennzeichnet sind, erlernst du neue Inhalte zum Thema.

Ich wiederhole mein Wissen

Bevor das Kapitel endet und dein neu erworbenes Wissen und Können auf die Probe gestellt werden, kannst du noch einmal innehalten und dir das Kapitel im Ganzen vor Augen führen. Ganz Neugierige können hier auch schon mal vorab schauen, was sie alles im Kapitel erwartet.

Ich wende mein Wissen kompetent an

Hier endet vorläufig dein Lernweg. Auf dieser Doppelseite findest du immer vier Bereiche, in denen du deine Fähigkeiten (Kompetenzen) unter Beweis stellen kannst. Zu jedem Thema sollst du dich in vierfach verschiedener Hinsicht aktiv einbringen können. Du sollst …

(1) die Inhalte eines Themas erkennen und verstehen.

(2) überlegen und urteilen, wie du dein Wissen und Können in konkreten Situationen einbringen kannst.

(3) Probleme lösen können und dazu passend ethisch handeln und kommunizieren.

(4) dich in Menschen, die anders sind als du, einfühlen und Anteil nehmen können.

Was dich beim Lernen unterstützt

Methodenkompetenz

Du lernst über das Schuljahr hinweg mehrere Methoden kennen, die für ethisches Handeln wichtig sind. Die Methoden, die du in der 5. Klasse schon kennengelernt hast, tauchen immer wieder in den Aufgaben auf. Damit du weißt, was damit gemeint ist, kannst du dem Hinweis in der Randspalte folgen und im Anhang nachsehen.

Methoden

Auf den Inhaltsseiten findest du Methoden, mit denen du ein bestimmtes Ziel erreichen kannst, wie z. B. eigene Stärken und Schwächen sichtbar machen, Gefühle in den Griff bekommen oder sich richtig entschuldigen.

Lernaufgaben

Keine Fortschritte ohne Training! Die Lernaufgaben zeigen dir die Aktivitäten, mit denen du für die Ethik trainierst. Solche Aktivitäten werden durch einen Operator, einen Handlungsanweiser, benannt. Du findest sie immer in den Aufgaben.

Arbeitsformen

Damit du den Arbeitsauftrag genau verstehst, findest du am Ende einiger Aufgaben Wegweiser, die du im Anhang nachschlagen kannst. Dort wird dir erklärt, wie du die Aufgabe richtig umsetzt.

Grundwissen

Kein Können ohne Wissen! Das ethisch wichtige Wissen ist ausdrücklich hervorgehoben. Auch dazu findest du Aufgaben, bei denen du das Grundwissen auf konkrete Fälle anwenden sollst.

Randspalte / Glossar

Frage nicht immer gleich die Ethik-Lehrkraft, wenn du einmal etwas nicht weißt. In der Randspalte findest du Hinweise zu Wörtern, die du vielleicht noch nicht kennst. Und wenn ein Wort schwierig ist oder oft vorkommt, findest du im Glossar eine ausführliche Erläuterung.

Jetzt bist du für das Abenteuer Ethik vorbereitet. Stürz dich hinein mit Kopf, Herz und Hand.
Dazu wünscht dir dein Autoren-Team Spaß und Spannung, Freude und Erfolg!

Was ich mag und was mir gut tut

Das Fremde verstehen und damit umgehen

Elektronische Medien im eigenen Leben

Judentum, Christentum und Islam

Glück – was ist das?

Streit –
das Ende der
Freundschaft?

Glück suchen
und finden

Wenn andere versuchen,
mich glücklich zu machen ...

Freizeit
sinnvoll
gestalten

Was ich mag und was mir gut tut

P. Signac, Die Zeit der Harmonie (1896)

Wenn Freizeit Stress macht ...

Was du nicht willst, dass man dir tu' ...

Was macht wahre Freundschaft aus?

Was tun gegen Unglück?

Auf einem Internetportal für **Freundschaften** finden sich diese zwei Kontaktanzeigen:

Hallo Ponyliebhaberinnen!

Ich bin 12 Jahre alt und gehe in die Realschule. Ich suche eine Freundin, die auch gerne reitet. Ich gehe zweimal in der Woche in einen Ponyhof und würde mich über eine Begleiterin etwa in meinem Alter sehr freuen.

Außerdem wäre es schön, wenn ich dir einfach viel aus meinem Leben erzählen, wir gemeinsam lachen und auch manchmal gemeinsam Blödsinn machen könnten.

Ich möchte aber auch mit dir reden können, wenn ich Probleme habe und es mir gerade nicht so gut geht.

Liebe Grüße
Anna

Freundschaft

Hey,

ich bin 13 Jahre alt und suche einen Freund. Das kann ich dir bieten: Ich habe Interesse an Computern und weiß, wie man einfache Computerprogramme schreibt.

Ich lese aber auch gerne Fantasy-Geschichten und liebe es, ins Kino zu gehen.

Ich kann recht witzig sein, bin zuverlässig und kann Geheimnisse gut für mich behalten.

LG
Max

1 Beschreibe, wie du dir Anna und Max aufgrund ihrer Anzeigen vorstellst. Beurteile, ob du die Freundin von Anna oder der Freund von Max sein könntest.
2 Was erwartest du von einer guten Freundin / einem guten Freund? Schreibe selbst eine Anzeige, in der du die Eigenschaften und Interessen nennst, die eine Freundin / ein Freund haben sollte.
3 Was kannst du einer zukünftigen Freundin / einem zukünftigen Freund bieten? Gestalte eine Anzeige, in der du dich als Freundin / als Freund anpreist.

Mit wem ich alles befreundet bin

M1 Alles Freundinnen und Freunde?

Think

Die Fotos zeigen verschiedene Beziehungsformen:
a) Benenne, um welche Arten von Beziehung es sich dabei handelt, z. B. Clique.
b) Beschreibe, wo und in welcher Form du selbst Bekanntschaft und Freundschaft erfahren hast, und ergänze gegebenenfalls die Liste um weitere Beziehungsformen.

↓

Pair

Vergleicht in Zweier-Teams eure Beschreibungen und bestimmt zusammen Gemeinsamkeiten und Unterschiede der verschiedenen Formen von Beziehungen und stellt die Ergebnisse in einer Tabelle dar.

↓

Share

Die Zweier-Teams präsentieren im Plenum ihre Ergebnisse. Zusammen erstellt ihr eine Liste, wobei ihr
a) alle Gemeinsamkeiten und Unterschiede zusammentragt und
b) die Beziehungsformen nach der Intensität der Beziehung – von sehr enger Beziehung (Nähe) bis lose Beziehung (Ferne) – ordnet.

Intensität
hier: Stärke eines Gefühls, eines Empfindens

Knobelaufgabe

Diskutiert in der Gruppe folgende Frage: Kann man mit einem Tier befreundet sein?
3

M2 Freundschaft – real und digital

Peter Butschow / Baaske Cartoons, Müllheim

1 Schreibe den Dialog der beiden weiter.
2 Erläutere, weshalb es sinnvoll ist, zwischen „richtiger" und „digitaler" Freundschaft zu unterscheiden.
3 Beschreibe, was für dich persönlich „digitale" und „richtige" Freundschaft bedeutet.

M3 „Mister Facebook" über Facebook

„Wer glaubt, dass jeder Facebook-Kontakt ein Freund ist, der weiß nicht, was Freundschaft bedeutet."

4 Nimm Stellung zu dieser Aussage.

Mister Facebook, Mark Zuckerberg
US-Amerikaner, Gründer des Unternehmens Facebook

M4 Der Beginn einer Freundschaft?

Maik Klingenberg (14) bekommt keine Einladung zur Geburtstagsparty von Tatjana. Er ist sehr enttäuscht, denn er wollte Tatjana mit einem selbst gezeichneten Portrait von Beyoncé, die sie sehr verehrt, überraschen. Aus Wut und Enttäuschung hätte er das Bild beinahe zerstört. Etwas später bekommt er Besuch von Tschick, der neu in seiner Klasse ist und den alle ein bisschen merkwürdig finden:

Ich holte die Zeichnung aus der Schublade. Tschick nahm sie, hielt sie mit ausgestreckten Armen vor sich hin und starrte sie an. Er schenkte der Zeichnung aber erst mal nicht so viel Beachtung wie der Rückseite, wo ich den Riss säuberlich mit Tesafilm geklebt hatte, sodass er von vorne kaum noch zu sehen war. Er guckte sich diesen Riss ganz genau an und dann nochmal die Zeichnung, und dann sagte er: „Du hast ja Gefühle."
Er sagte das im Ernst, ohne jeden Scheiß. Das fand ich reichlich merkwürdig. Und es war das erste Mal, dass ich dachte: Der ist ja wirklich gar nicht so doof. Tschick hatte diesen Riss gesehen und sofort gemerkt, was los war. Ich glaube, ich kenn' nicht viele Leute, die das sofort gemerkt hätten. Tschick schaute mich ganz ernst an, und das mochte ich an ihm. Er konnte ziemlich komisch sein. Aber wenn's drauf ankam, war er eben auch nicht komisch, sondern ernst.

Beyoncé
US-amerikanische Pop-Sängerin, Schauspielerin und Songwriterin

5 Beschreibe in eigenen Worten, was Maik an Tschicks Verhalten ihm gegenüber beeindruckt hat.
6 Erkläre, weshalb Tschick das Vertrauen von Maik erlangen kann. Beachte dabei, was Tschick zu Maik sagt und wie er es sagt.
7 Spielt die Szene im Rollenspiel nach und weiter. Überlegt euch dabei, wie Tschick Maik trösten könnte und welche Tipps er Maik geben könnte, damit es ihm wieder besser geht.

Rollenspiel
> Methoden

Was Freundschaft so wertvoll macht

M1 Was Freundschaften ausmacht

In einer Umfrage in Deutschland wurden 14- bis 17-Jährige gefragt, was für sie in einer Freundschaft ganz besonders wichtig ist. Und das ist das Ergebnis:

Dass man sich aufeinander verlassen kann, wenn man Hilfe braucht	86 %
Dass man ehrlich zueinander ist, sich offen die Meinung sagen kann	77 %
Dass man sich immer um Rat fragen kann	75 %
Dass man über alles reden kann	72 %
Dass man sich gegenseitig tröstet und sich Mut zuspricht, wenn man traurig ist	63 %
Dass man ähnlich tickt, auf einer Wellenlänge ist	62 %
Dass man regelmäßig Kontakt hat, sich schreibt oder miteinander telefoniert	56 %
Dass man sich gut kennt, viel voneinander weiß	55 %
Dass man schon viel zusammen erlebt hat, viel Zeit miteinander verbracht hat	48 %
Dass man für den anderen praktisch immer erreichbar ist	44 %
Dass man keine Geheimnisse voreinander hat	42 %
Dass man sich häufig sieht	42 %
Dass man die gleichen Interessen hat	35 %

Werte
> Glossar

1 Macht in eurer Ethikgruppe dieselbe Umfrage. Dazu wählt jede und jeder die fünf Merkmale aus, die für sie oder ihn persönlich ganz besonders wichtig sind. Wertet das Ergebnis aus, indem ihr eine neue Liste erstellt, in der sich eventuell eine neue Reihenfolge ergibt.

2 Leite aus den Sätzen, die den Befragten vorgelegt wurden, die Werte der Freundschaft ab. Zum Beispiel: *Dass man über alles reden kann* > Vertrauen. Das Grundwissen hilft dir dabei. Erläutere diese Werte mit eigenen Worten und mithilfe von Beispielen.

subjektiv von persönlichen Gefühlen und Meinungen bestimmt

Gemeinschaft
> Glossar

GRUNDWISSEN

Vom Wert der Freundschaft

Die Menschen bringen ganz bestimmte Werte mit Freundschaft in Verbindung. Sie haben dieselben subjektiven **Wertvorstellungen von Freundschaft** und sind damit in einer **Wertegemeinschaft** miteinander verbunden.
Zu den wichtigsten Werten der Freundschaft gehören ebenso **Vertrauen, Halt** und **Zugehörigkeitsgefühl** wie **Hilfe** und **Unterstützung** und nicht zuletzt die **Zeit**, die man sich für gute Freunde nimmt, um gemeinsam etwas zu unternehmen.
Wertvoll ist eine Freundschaftsbeziehung außerdem, weil du **selbst bestimmen** kannst, mit wem du befreundet sein willst, und Freunde immer **gleichberechtigt** sind.

M2 Die Goldene Regel – ein Wertmaßstab für Freundschaft

Die Goldene Regel („Was du nicht willst, dass man dir tu', das füg auch keinem andern zu.") ist ein anerkannter Maßstab, auch für ethisches Handeln in der Freundschaft. So sagte z. B. Ralph Waldo Emerson, dass der beste Weg, einen Freund zu haben, der ist, selbst einer zu sein.

Goldene Regel
> Glossar

Ralph Waldo Emerson
(1803-1882)
US-amerikanischer Philosoph und Schriftsteller

3 Erläutere mithilfe der Goldenen Regel diesen Satz von Emerson. Suche dazu Beispiele, die diese Aussage veranschaulichen.

4 Formuliere einen eigenen Spruch zum Thema „Freundschaft".

LERNAUFGABE

Bewerten

Im Wort „bewerten" steckt das Wort „Wert". Bei diesem Operator geht es darum, **die eigenen Wertmaßstäbe offenzulegen**. Etwas bewerten heißt dann auch

- zu Handlungen und Verhaltensweisen **Stellung zu nehmen**,
- dabei ein **Urteil** zu fällen (**gut** oder **schlecht**)
- und dieses Urteil zu **begründen**.

Beispiel:

- Handlung: Anna verrät ein Geheimnis, das ihr ihre Freundin Klara anvertraut hat.
- Urteil: Dieses Verhalten ist schlecht.
- Wertmaßstab und Begründung: Vertrauen ist ein zentraler Wert der Freundschaft und darf nicht verletzt werden.

Wer nicht bemerkt, dass man ihn missbraucht, wird „Freund" genannt.

L1 Passt dieses Sprichwort zu deinen Vorstellungen von Freundschaft? Nimm Stellung dazu und begründe.

L2 Beschreibe ein Erlebnis mit einer Freundin / einem Freund.

M3 Alles echte Freundinnen und Freunde? – Aristoteles über Freundschaft

Ohne Freunde möchte niemand leben, auch wenn er die übrigen Güter alle zusammen besäße. Wo Nutzen das Motiv der Freundschaft bildet, da lieben sich die Menschen, weil sie für sich einen Vorteil erstreben. Solche Freundschaften gehen leicht auseinander. Denn wenn der eine Partner nicht mehr nützlich ist, so hört man auf, ihn zu lieben. Nun sind aber Menschen, die dem Freunde um des Freundes willen das Gute wünschen, die echtesten Freunde, weil jeder des anderen Wesensart liebt. Freundschaft dieser Art ist ein Wert, der dauert. Solche Freundschaft ist natürlich selten, denn Menschen dieser Art gibt es nur wenige.

Aristoteles
(384 v. Chr. - 322 v. Chr.)
griechischer Philosoph, einer der einflussreichsten Philosophen der Geschichte

5 Fasst in der Gruppe zusammen, was Aristoteles über Freundschaft sagt, und diskutiert anschließend, ob ihr ihm Recht geben würdet. 3

Freundschaften erhalten

Adolph Freiherr Knigge (1752-1796) deutscher Schriftsteller und Aufklärer; sein berühmtestes Werk ist „Über den Umgang mit Menschen" (1788)

Empfindnis älterer Wortlaut für „Empfindung"; hier auch Empfindsamkeit: Fähigkeit, intensive Gefühle zu haben und diese auch zum Ausdruck zu bringen

M1 Wie pflege ich meine Freundschaften

„Über den Umgang mit Menschen" ist heute vor allem als Anleitung für Benimmregeln bei Tisch bekannt. In erster Linie ist es jedoch eine Aufklärungsschrift für den höflichen und achtsamen Umgang der Menschen miteinander.

Hast Du nun einen […] treuen Freund gefunden, so bewahre ihn auch! Halte ihn in Ehren, auch dann, wenn das Glück Dich plötzlich über ihn erhebt, auch da, wo Dein Freund nicht glänzt […]. Schäme Dich nie Deines ärmern, weniger hochgeschätzten Freundes. Beneide nicht den Dir vorgezogenen Freund. Hänge fest an ihm, ohne ihm lästig zu werden. Fordre nicht mehr von ihm, als Du selbst leisten würdest, ja, fordre nicht einmal so viel, wenn Dein Freund nicht in allen Stücken mit dir einerlei Temperaments, einerlei Fähigkeiten, einerlei Grad von Empfindnis hat.

Think	Obwohl mehr als 200 Jahre alt, ist dieser Text immer noch aktuell. Beschreibe in eigenen Worten, welche Tipps Knigge für die Freundschaftspflege gibt.
Pair	Tauscht euch im Zweier-Team darüber aus … a) welche dieser Ratschläge auch für eure Freundschaften wertvoll sind und b) ergänzt diese Tipps mit eigenen Vorschlägen für die aktive Gestaltung einer guten Freundschaft.
Share	Tragt im Plenum alle diese Ratschläge zusammen und diskutiert darüber.

Konflikt
> Glossar

Ich-Botschaften
> Methoden

Bedürfnis
> Glossar

METHODE

Freundschaftspflege und Konfliktbewältigung mithilfe von Ich-Botschaften

Freundschaftspflege hat viel mit guter Kommunikation zu tun. Dabei ist ganz wichtig, *wie* man seine Gefühle und Wünsche seinem Gegenüber mitteilt.
Bei Ich-Botschaften geht es darum, in bestimmten (Konflikt-)Situationen einer anderen Person seine eigenen Gefühle, Wünsche und Bedürfnisse zu offenbaren, ohne zu verallgemeinern und zu beschuldigen.
Das Gegenteil von Ich-Botschaften sind negativ formulierte Du-Botschaften.

Ein Beispiel: Max ist traurig und wütend, weil sein Freund Luca zu wenig Zeit für ihn hat.
- Die Du-Botschaft könnte deshalb etwa lauten: „Nie hast du Zeit für mich!"
- Die Ich-Botschaft hingegen könnte so formuliert sein: „Es macht mich traurig, dass ich so wenig Zeit mit dir verbringen kann, weil dir Computerspiele so wichtig sind. Ich möchte, dass wir in Zukunft mehr miteinander unternehmen."

M2 Wenn es in Freundschaften zu Konflikten kommt

Situation 1: Lea und Paula sind eigentlich gute Freundinnen. Trotzdem kritisiert Lea immer wieder das Aussehen von Paula, vor allem wie sie sich anzieht. Paula ist dann sehr traurig und weiß nicht so recht, wie sie damit umgehen soll.

Situation 2: Felix trifft sich in letzter Zeit immer öfters mit Anna. Vorher hat er jede freie Minute mit seinem besten Freund Lukas verbracht. Kein Wunder, dass Lukas nun eifersüchtig ist.

1 Wähle eine der beschriebenen Konfliktsituationen aus und benenne die Gedanken, Gefühle und Wünsche der betroffenen Freundinnen und Freunde.

2 Schreibt anschließend einen Dialog zu einem der Konflikte und führt ihn als szenisches Spiel vor.

METHODE

Im szenischen Spiel die Perspektive wechseln

Um zu verhindern, dass Freundschaften wegen Konflikten gleich in die Brüche gehen, sind gute Gespräche sehr wichtig, in denen ihr Gefühle und Wünsche zu formulieren lernt und Empathie entwickeln könnt. Solche Gespräche könnt ihr im **szenischen Spiel**, das den **Perspektivenwechsel** ermöglicht, einüben.

Und so verläuft das szenische Spiel:

Phase 1: Lest euch die Dialoge vor. Bestimmt nun, welche zwei Szenen gespielt werden und wer die **Spielenden** und wer die **Beobachtenden** sind. Diejenigen, die die ausgewählten Dialoge geschrieben haben, übernehmen die **Spielleitung**. Beide Spielerteams bereiten dann ihre Spielszene in einer Ecke des Raums kurz vor. Die beiden Spielleitungsteams beraten sie dabei.

Phase 2: Die **Spielerteams inszenieren** nacheinander die Dialoge. Dabei besteht die Möglichkeit, die Rollen innerhalb einer Inszenierung zu tauschen. Dieser zusätzliche Perspektivenwechsel erlaubt es den Spielenden, sich in beide Positionen einzufühlen. Die **Beobachtenden machen sich Notizen** und achten dabei auch auf die Körperhaltung, Mimik und Gestik der Spielenden.

Phase 3: Nach den Inszenierungen beschreiben zuerst die Beobachtenden ihre Wahrnehmungen, dann die Spielenden selbst und zuletzt die Spielleitungen. Dies geschieht **nach den Regeln des wertschätzenden Feedbacks**.

Empathie
> Glossar

Perspektivenwechsel
Möglichkeit, eine bestimmte Situation, sich selber oder andere Personen aus einer neuen Richtung zu sehen

Wertschätzendes Feedback
> Methoden

Ratgeber für die Pflege von und die Konfliktlösung in Freundschaften

Ihr habt nun gelernt und erfahren, wie Freundschaften gepflegt und Konflikte in Freundschaften gelöst werden können. Erarbeitet dazu ein **Ratgeber-Booklet**.

Booklet
dünnes Heft

Echte Freunde – falsche Freunde

William Sutcliffe (*1971) britischer Jugendbuchautor

M1 Echte Freunde

Eigentlich sind Ben (13), der Ich-Erzähler, und Olly (13) beste Freunde. Und so beschreibt Ben seine Gefühle gegenüber Olly und Olly selbst:

Wenn ich noch mal die Chance hätte, würde ich ihn immer noch als besten Freund haben wollen, genauso wie früher. Wenn man einen besten Freund hat, braucht man nichts anderes auf der Welt. Es ist wie eine Rüstung oder wie die Schutzschilde, die man bei Computerspielen bekommt und die wie Sirenen aufheulen, und dann leuchtet man orange, und so lange man orange ist, prallen die Kugeln und Raketen einfach an einem ab.
Olly ist schon so lange mein bester Freund, dass ich den Schutzschild gar nicht mehr bemerke, weil er immer da ist. Wenn er nach Hause geht, habe ich das Gefühl, dass man mir eine Schicht weggepellt hat. Ich weiß nicht, was ich tun soll. Bin unruhig. Sogar wenn ich beschäftigt bin oder Spaß habe, stelle ich mir vor, wie ich Olly später alles erzähle.
Einmal, als ich zu Hause anrufen wollte, damit mich meine Eltern abholen, habe ich aus Versehen Ollys Nummer gewählt und musste seiner Mutter erzählen, dass ich falsch verbunden war. Sie hat gedacht, ich hätte 'n Knall. Es ist einfach passiert, ohne dass ich darüber nachgedacht habe. […]
Er ist 'n Karottenkopf. Er kann's nicht ausstehen, wenn man ihn so nennt. Man kann auch Feuermelder zu ihm sagen, was er genauso wenig leiden kann. Eigentlich ist es wirklich traurig, aber es gibt einfach kein höfliches Wort dafür. Es ist einfach unglaublich, wie orange seine Haare sind. […] Weil er mein bester Freund ist, nehme ich ihn wegen allem außer seinen Haaren auf den Arm. Er ist der einzige Mensch auf der Welt, der es kaum erwarten kann, eine Glatze zu kriegen.

1 Beschreibe in eigenen Worten, wie Ben seine Freundschaft mit Olly sieht und welche Gefühle er für seinen besten Freund hat.

2 Ben findet für seine Freundschaft mit Olly die metaphorischen Bilder der „Rüstung" und des „Schutzschilds". Finde weitere Metaphern für echte Freundschaft und / oder male ein Bild mit dem Titel „Echte Freunde".

Metapher
Wort, das nicht in seinem eigentlichen Bedeutungszusammenhang gebraucht wird, sondern in einen anderen Bedeutungszusammenhang übertragen wird

M2 Falsche Freunde

Doch dann zieht Carl (13) in Bens Straße, und alles wird anders …

Jeden Samstag, wenn ich und Olly auf die Fußballergebnisse warten, schalten wir immer auf die Ringkämpfe und machen auf dem Boden im Wohnzimmer die Bewegungen nach. Als Carl dazukommt, ändert sich das Spiel. Die harmlosen Raufereien werden mehr wie richtige Kämpfe, besonders wenn Carl gegen mich antritt. Obwohl er uns beide schlagen kann, geht er mit Olly sanfter um. Er verknotet sich und ihn absichtlich in komische Stellungen, worüber sie sich jedes Mal kaputtlachen. Mich packt er einfach nur am Arm oder am Handgelenk oder am Ohr und zerrt mich mit aller Kraft herum, bis ich sage, dass ich aufgebe, und er hört erst dann auf, wenn er mich gezwungen hat, es mehrmals zu wiederholen.
Olly tut er nie so weh. Olly weiß das auch, aber es macht ihm nichts aus. Olly mag ihn wirklich. Das ist das Problem. Er hat mehr

Spaß in einer Gruppe, als wenn wir nur zu zweit sind. Deshalb sind wir drei [...] bis zum Ende der Ferien eine Einheit. Ich und Olly sind nie mehr allein zusammen. Wir sind immer zu dritt.

So will ich das nicht, doch wenn Olly ihn anruft, kann ich Carl nicht abweisen. Und wegbleiben kann ich auch nicht, weil ich dann nichts zu tun hätte. Man muss gemeinsam handeln, um jemanden auszuschließen. Wenn man mit jemandem befreundet ist, macht man das andauernd, ohne darüber nachzudenken. Einfach nur die Art, wie man zusammen ist, zeigt allen anderen, dass niemand sonst eingeladen ist. Aber Olly macht das mit Carl nicht. Er öffnet die Tür und lässt ihn rein, ohne mich auch nur zu fragen. [...]

Manchmal denke ich, dass Olly Carl vielleicht auch nicht wirklich mag. Ihm gefällt nur, dass Carl ihn besser behandelt als mich. Früher, als wir noch zu zweit waren, habe ich jedenfalls alles bestimmt. Jetzt steht alles Kopf, und Carl bestimmt alles, während ich ganz unten auf der Leiter stehe. Immer kriege ich die Schläge ab oder werde aufgezogen oder ausgeschlossen, nie Olly und erst recht nie Carl. Wenn Olly der Meinung gewesen ist, dass ich ihn zu sehr herumkommandiert habe, hätte er was sagen sollen. Einfach nur jemand Neuen alles bestimmen lassen, ist blöd, weil Carl alles nur viel schlimmer macht. [...]

In der Regel macht Olly alles, was andere Leute wollen, aber denken tut er nur, was er will. Bei kleinen Dingen kann man ihn überzeugen, bei wichtigen Dingen ist es aussichtslos. Er ist halb Schmetterling, halb Esel, genau das ist er.

Zu dritt machen wir vollkommen andere Sachen. Carl ist der neue – er sollte sich wie ein Gast benehmen –, doch von dem Augenblick an, wo er dabei ist, bestimmt er alles. Eins nach dem anderen vermiest oder wendet er gegen uns, vor allem die Spiele, die wir sonst immer gemocht haben.

Spiel	Wie Carl es uns vermiest
Monopoly	Fängt an, sich zu langweilen, wenn er verliert, schnippt die Häuser rum und bringt einen in Verlegenheit, weil man sich was aus falschem Geld macht.
Tischtennis	Schlägt den Ball genau auf unsere Köpfe, wenn er verliert.
Fußball	Foult und holt den Ball nicht, wenn er ihn über den Zaun geschossen hat.
Ringen	Tut mir weh.
Computerspiele	Vermiest er nicht. Sogar Carl kann einem Computer nicht sagen, was er tun soll.

3 Fasse kurz zusammen, was der Einzug Carls in Bens Straße für die Freundschaft zwischen Ben und Olly bedeutet.

4 Erläutere, was dazu geführt haben könnte, dass sich Carl zwischen Ben und Olly drängen konnte.

5 Nimm Stellung dazu, ob du Carl als Freund haben wollen würdest. Begründe deine Meinung anhand des Textes.

6 Diskutiert in der Gruppe, ob eine echte Freundschaft überhaupt möglich ist, wenn zu zwei besten Freunden eine dritte Person hinzukommt. 3

Ich wiederhole mein Wissen

Freundschaften

Freundschaften sind ein wichtiger Bestandteil des sozialen Miteinanders. Ähnlich wie die Familie prägen sie das Leben der Menschen von klein an und bis ins hohe Alter. Freundschaften tun uns gut, bereichern unser Leben, können aber auch zu Problemen führen oder sogar zerbrechen. Deshalb ist es wichtig zu wissen, was den Wert von Freundschaften ausmacht und wie man Freundschaften pflegt. Dieses Wissen stärkt nicht nur dich in deiner Persönlichkeit, sondern auch deine Sozialkompetenz.

Freundschaft als Form sozialer Beziehungen

Mit wem ich alles befreundet bin > S. 10

Freundschaften sind Teile einer Vielzahl von Beziehungsformen, die sich je nach Intensität und Freiwilligkeit in etwa wie folgt darstellen lassen (Bsp.):

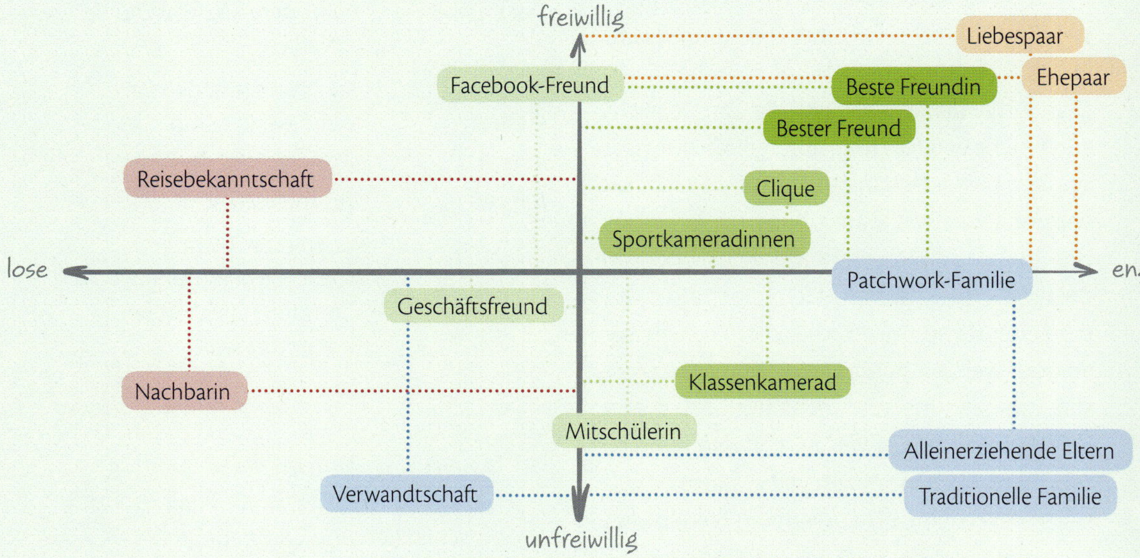

Vom Wert der Freundschaft

Was Freundschaft so wertvoll macht > S. 12

variieren sich leicht unterscheiden

Du hast gelernt, dass Freundschaften wertvoll sind, und zwar deshalb, weil Menschen der echten Freundschaft ganz bestimmte Werte zuordnen. Auch wenn die Wichtigkeit dieser Werte je nach Alter und Geschlecht etwas variieren kann, weiß man ziemlich genau, auf welchen Werten die Freundschaft basiert. Es sind dies einerseits Werte, die die Eigenart der Sozialform „Freundschaft" umschreiben:

Freiwilligkeit – Gleichheit – Gleichgewicht von Geben und Nehmen

Andererseits sind es Werte, die mit besonderen ethischen Anforderungen verknüpft sind:

Vertrauenswürdigkeit – Ehrlichkeit – Zuverlässigkeit – Hilfsbereitschaft und Unterstützung – Investieren von Zeit

investieren einbringen

Goldene Regel > Glossar

In diesem Zusammenhang hast du außerdem erfahren, dass die Goldene Regel als grundlegender ethischer Maßstab auch für die Freundschaft Gültigkeit hat.

Was echte Freunde von falschen Freunden unterscheidet

Leider gibt es nicht nur echte, sondern auch falsche Freunde. Das Verhalten der Freunde und Freundinnen zeigt dir, zu welcher Art sie gehören:

Echte Freunde – falsche Freunde > S. 16

Echte Freunde	Falsche Freunde
> vertrauen sich gegenseitig	> verpetzen sich
> haben Spaß zusammen	> verletzen sich körperlich
> sind ehrlich	> beleidigen sich
> helfen sich gegenseitig	> grenzen sich aus
> trösten sich	> lügen sich an
> sind füreinander da	> mobben
> hören einander zu	> machen den anderen schlecht
> ...	> ...

Freundschaften müssen gepflegt werden

Weil Freundschaften wertvoll sind, lohnt es sich, sie zu pflegen. Das wusste bereits Adolph Freiherr Knigge. So rät er:

- Bleibe in jeder Situation an der Seite deines Freundes und stehe ihm bei, auch wenn es ihm nicht so gut geht. Gerade dann braucht er Verständnis, Unterstützung und Hilfe.
- Weder Scham noch Neid haben Platz in einer Freundschaft.
- Lasse dem Freund Freiräume, denn auch der beste Freund braucht Zeit für eigene Interessen und Verpflichtungen.
- Eine gute Freundschaft basiert grundsätzlich auf einem ausgeglichenen Nehmen und Geben. Manchmal gelingt das nicht ganz; in diesem Fall gilt: Sei tolerant!

Zur Pflege einer Freundschaft gehören außerdem

- dass das Vertrauen, das sich Freunde und Freundinnen gegenseitig schenken, nicht verletzt wird;
- die Bereitschaft, sich den Freundinnen und Freunden gegenüber zu öffnen und schöne, aber auch traurige Gefühle mitzuteilen;
- dass man das, was man sagt und verspricht, auch einhält;
- und nicht zuletzt die Bereitschaft, Konflikte zu lösen.

Was tun, wenn es in Freundschaften zu Konflikten kommt?

Wie in allen Beziehungen kann es auch in Freundschaften zu Problemen und Konflikten kommen. Diese lassen sich besonders gut durch **Perspektivenwechsel** lösen. Dies kannst du im szenischen Spiel lernen, das sich gut mit der Methode der **Ich-Botschaften**, mit der du lernst, deine Gefühle und Bedürfnisse zu offenbaren, und der Methode des **wertschätzenden Feedbacks**, die dir zeigt, wie man einander begegnen soll, verknüpfen lässt.

Der Perspektivenwechsel ist deshalb so wichtig, weil er dir ermöglicht, eine bestimmte Situation, dich selbst oder andere Personen aus einer anderen, oder sogar ganz neuen Richtung zu sehen. So kannst du auf völlig neue Ideen kommen, und du lernst, dich in andere Personen einzufühlen, d.h. empathisch zu sein.

Freundschaften erhalten > S. 14

Konflikt > Glossar

Ich-Botschaften > Methoden

Bedürfnis > Glossar

Wertschätzendes Feedback > Methoden

Ich wende mein Wissen kompetent an

Freundschaften gehören zu einem guten Leben dazu. Um die große Bedeutung der Freundschaft zu erfassen, solltest du erkennen und verstehen, …

- welche Vorstellungen von Freundschaft du hast.
- was Freundschaften von anderen Beziehungsformen unterscheidet.

1 Stell dir vor, du würdest Zonja und Mucks kennenlernen. Könnten sie deine Freunde sein? Begründe deine Antwort.

2 Benenne weitere zwischenmenschliche Beziehungen, die im Text vorkommen.

Freundschaft ist keine Selbstverständlichkeit. Um den Wert der Freundschaft zu bestimmen, solltest du überlegen und urteilen, …

- welche Voraussetzungen Freundschaft ermöglichen.
- warum du Freundschaft wertschätzen sollst.

1 Zonja und Mucks sind Außenseiter. Diskutiert, ob das die Voraussetzung ihrer Freundschaft ist. 3

2 Erläutere am Beispiel der Freundschaft von Zonja und Mucks, worin der Wert ihrer Freundschaft besteht.

Damit Freundschaften gelingen, musst du ethisch handeln und kommunizieren können. Im Umgang mit deinen Freundinnen und Freunden weißt du, …

- *was* du sagst und *wie* du es sagst.
- was du erwarten darfst und was deine Freunde von dir erwarten dürfen.

Ich-Botschaften
> Methoden

1 Diskutiert, ob Zonja von Mucks erwarten darf, dass er ihr erklären muss, warum er nicht schwimmen kann. 3

2 Formuliere mithilfe von Ich-Botschaften, wie Zonja Mucks fragen könnte, warum er nicht schwimmen kann.

Empathie
> Glossar

Alle Arten der Freundschaft beruhen auf Empathie. Du musst dich einfühlen und Anteil nehmen. Das tust du, indem du …

- dich in die Gedanken, Ansichten und Gefühle deiner Freunde hineinversetzt.
- die Gefühle und Ansichten der anderen in deinen Handlungen berücksichtigst.
- nach Lösungen suchst, damit die Freundschaft weiterbestehen kann.

1 Beschreibe die Gefühle von Zonja und Mucks.

2 Findet im szenischen Spiel eine Lösung für Zonja und Mucks.

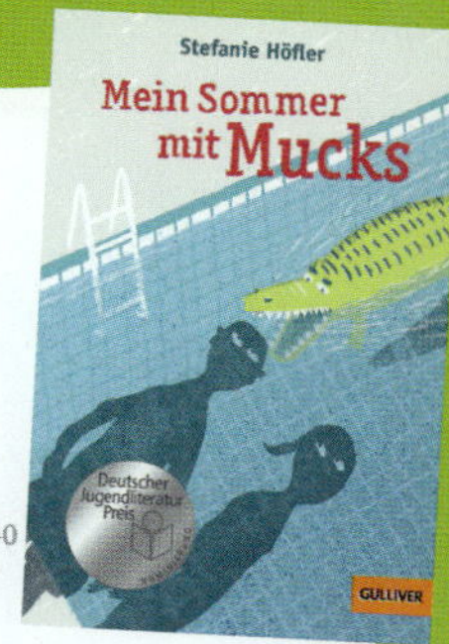

M1 Zonja und Mucks – wahre Freunde?

Zonja ist eine Einzelgängerin. Sie erzählt:

Meistens denke ich, dass meine Eltern daran schuld sind. Wer nennt sein Kind schon Zonja? Mit Z. Jemand, der Zonja heißt, kann gar nicht anders, als einsam wie ein Blauwal durch die Welt zu ziehen. [...] Vielleicht sollte ich an dieser Stelle gestehen, dass es möglicherweise auch an mir liegt. [...] Als Klassen-Idol bin ich nämlich ungeeignet. Dafür sind meine Haare zu dünn und meine Augen zu klein. [...] Vor allem aber habe ich eine unbezwingbare Neugier. [...] Ich liebe Statistiken und schwierige Wörter. Und ich sammle Fragen, auf die ich eine Antwort finden will.

Es sind Sommerferien. Zonja geht fast jeden Tag ins Freibad. Dort beobachtet sie, wie ein Junge, dünn und groß wie eine Birke, beinahe ertrinkt. Beherzt springt Zonja ins Wasser und rettet ihn.

„Danke", sagt er. Und dann: „Mucks." [...] Die Birke liest meinen Blick richtig und erklärt knapp: „Mucks. Das bin ich." [...] „Zonja. Aber mit Z." Die Birke nickt mir zu. Sein Gesicht zeigt immer noch keine Regung. [...] Und dann fragt er mich tatsächlich, ob ich mit ihm Scrabble spielen will. Das Spielbrett ist schon aufgebaut und er hat einige Wörter gelegt. *Poesie*, *Gartentor* und *Kokosnus* kann ich lesen [...]. Mit einem S. Die Birke geht also ins Freibad, um gegen sich selbst Scrabble zu spielen. Und ich dächte, es gäbe keinen Zwölfjährigen, der so komische Hobbys hat wie ich.

Ein paar Tage später lädt Zonja Mucks zu sich ein. Dort entdecken sie ein anderes gemeinsames Hobby: Sternbilder erkennen.

Wir liegen schon über eine Stunde hier im Gras. Geschätzt. [...] Es sind ja Sommerferien. Außerdem, wann liege ich schon mal bis nach neun im Garten, und dann auch noch mit einem Freund? Falls Mucks das ist – ein Freund. [...] Er hat mir den Großen Wagen gezeigt, die Cassiopeia und den Löwen, und ich habe ihm nicht erzählt, dass ich die Sternbilder schon kenne. Ich glaube, er ist stolz darauf, dass er sie kennt.

Etwas später erfährt Zonja von Mucks, dass sein Vater nie zuhörte, wenn Mucks etwas erzählte. Deshalb auch Mucks' Name: Er musste immer mucksmäuschenstill sein. Eigentlich heißt er Fabian. Dann fragt Zonja:

„Sag mal, Mucks, wiesó kannst du eigentlich nicht schwimmen? Mit dreizehn?" Mucks springt plötzlich auf. [...] „Weißt du was, Zonja? Mit Z. Dein ganzer Heile-Welt-Quatsch ist nervtötend." [...] Dann dreht er sich abrupt um und rennt weg, als hätte ihn etwas gestochen.

Da packt Zonja die Badesachen von Mucks zusammen, entdeckt dabei ein Pfefferspray und geht zum ersten Mal zu ihm nach Hause.

„Hi", sage ich und bleibe in der Tür stehen. „Hi." Ich warte mindestens drei Sekunden, bevor Mucks endlich den Kopf hebt und zu mir hochschaut. Auch er sieht irgendwie müde aus, fast genauso müde wie seine Mutter. Oder so, als ob er geweint hat. [...] Meine tausend Fragen sind wie wegradiert. Meine Wut auch. „Tut mir leid wegen vorhin", murmele ich, ziemlich leise. Obwohl ich nicht so genau weiß, was mir genau leidtut. Vielleicht, dass ich gefragt habe, warum er nicht schwimmen kann. Oder einfach, dass ich Eltern habe, die Pfannkuchen backen. Und er Pfefferspray in der Tasche hat. „Danke für die Sachen", antwortet Mucks ebenso leise.

abrupt plötzlich

beherzt mutig

■ Freizeitgestaltung

1 Beschreibe das Bild und formuliere eine Überschrift. Begründe deine Formulierung.
2 Diskutiert die Aussage des Bildes. 3
3 Fertige eine Zeichnung an, in der du darstellst, wie du deine Freizeit verbringst und was Freizeit für dich bedeutet, und präsentiere sie in der Klasse.

Meine Zeit zwischen Pflicht und Freizeit

M1 Wie verbringe ich meine Zeit

1 Beschreibe die dargestellten Tätigkeiten und finde Oberbegriffe, z. B. „Lernen", dazu.
2 Erstelle einen Tagesplaner und trage darin ein, wann du normalerweise welchen Tätigkeiten und Aktivitäten nachgehst.
3 Zeichne zu jedem Eintrag ein Emoticon, das deine Gefühle bei der jeweiligen Tätigkeit zum Ausdruck bringt.
4 Erkläre an zwei unterschiedlichen Beispielen, warum du dich für diese Emoticons entschieden hast.

GRUNDWISSEN

Was ist Freizeit?

Der Begriff „Freizeit" setzt sich aus den Wörtern „frei" und „Zeit" zusammen und beschreibt Zeiträume, die den Menschen neben ihren Pflichten, wie z. B. Arbeit oder Schule, zur Verfügung stehen und die nach ihren Vorstellungen und Wünschen gestaltet werden können. Die Freizeit kann für Dinge genutzt werden, die einem persönlich wichtig sind (Freundschaften, Hobbys) und dient der Erholung.

M2 Pflicht – Freizeit – freie Zeit?

Asha *erhält jeden Mittwoch Sitarunterricht, auf den sie sich sehr freut.*

Mohammed *spielt gerne mit seinen Freunden Basketball. Wann immer es geht, treffen sie sich.*

Joshua *liest zurzeit für die Schule ein spannendes Buch.*

Miriam *freut sich jeden Tag aufs Neue, in die Schule gehen zu dürfen.*

Emil *darf in der Schule den interessanten PLUS-Kurs „Astronomie" besuchen, da er ein sehr guter Schüler ist.*

Lotta *schaut Samstagabend mit Papa die Sportschau.*

Sitar
eine gezupfte Langhalslaute aus Indien

Think	Ordne den Situationen jeweils einen der Begriffe zu: Pflicht, Freizeit, freie Zeit.
Pair	Bildet Zweier-Teams und vergleicht eure Ergebnisse. Einigt euch für jede Situation auf ein gemeinsames Ergebnis.
Share	Diskutiert in der Gruppe alle Ergebnisse der Zweier-Teams. Findet dabei heraus, was darüber entscheidet, ob eine Aktivität als Pflicht oder als Freizeit empfunden wird.

Knobelaufgabe

Nimm Stellung dazu, ob es sich bereits um Freizeit handelt, wenn man sich von einer anstrengenden Pflicht ausruht.

Wie gestalte ich meine freie Zeit

M1 Zeit für ...

Bettina Kumpe

1 Benenne die Freizeitaktivitäten der beiden Jugendlichen.
2 Nenne weitere Möglichkeiten der Freizeitgestaltung und schreibe sie auf Karteikarten auf.
3 Teile die Tätigkeiten in drei Gruppen nach dem Kriterium auf, ob sie allein, zu zweit oder in Gruppen durchgeführt werden.

4 Finde weitere Kriterien, wie man die Freizeitaktivitäten zu Gruppen zusammenfassen kann (z. B. Zeit- oder Geldaufwand) und erstelle dazu ein Plakat. Einige Aktivitäten lassen sich mehrfach zuordnen. 8

Kriterium
Merkmal oder Eigenschaft, nach der man etwas beurteilt oder sich für etwas entscheidet

LERNAUFGABE

Begründen

Wenn eine Aussage oder eine Entscheidung begründet werden soll, geht es darum, Argumente zu finden, die diese stützen. Du musst also erklären, warum du eine bestimmte Meinung vertrittst oder eine Entscheidung getroffen hast. Wichtig ist, dass du deine Begründung klar formulierst, damit andere sie nachvollziehen können.

L Erstelle deine persönliche TOP 5-Liste der Freizeitaktivitäten und begründe deine Auswahl.

M2 Was ich in meiner Freizeit mache ...

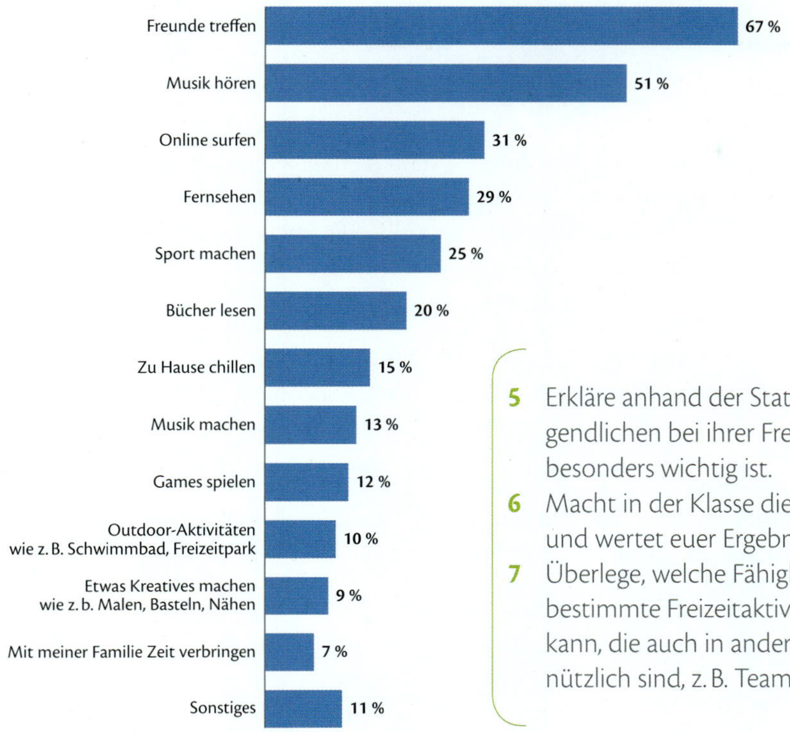

5 Erkläre anhand der Statistik, was Jugendlichen bei ihrer Freizeitgestaltung besonders wichtig ist.

6 Macht in der Klasse dieselbe Umfrage und wertet euer Ergebnis aus.

7 Überlege, welche Fähigkeiten man durch bestimmte Freizeitaktivitäten entwickeln kann, die auch in anderen Situationen nützlich sind, z. B. Teamfähigkeit.

GRUNDWISSEN

Was ist Muße?

Sicherlich hört sich der Begriff Muße für euch etwas verstaubt und altmodisch an – und irgendwie ist er das auch, aber eben nur zum Teil. Denn es ist auch ein hochaktueller und gar nicht langweiliger Begriff. Historisch gesehen gibt es ihn schon seit dem 5. Jahrhundert v. Chr. Bei den Griechen hieß Muße scholé (sprich: skolé) und wurde immer mit Tätigkeiten in Verbindung gebracht, die etwas mit geistigen Aktivitäten zu tun hatten (z. B. mit Dichtkunst oder mit Musik etc.) [...] Auch wenn Muße häufig mit Müßiggang oder mit Faulenzen in Zusammenhang gebracht wird, hat sie doch damit so gut wie nichts gemein [...]. Muße bedeutet, einer Sache, die nichts mit Arbeit zu tun hat, aber dennoch unsere ganze Aufmerksamkeit und Konzentration fordert, in Ruhe und Geduld nachzugehen. Allerdings ist Muße doch etwas anderes als Anstrengung, sie ist eher eine Haltung, die es uns ermöglicht, den Geheimnissen des Lebens auf die Spur zu kommen.

Müßiggang das Nichtstun, Untätigsein

8 Arbeite die Bedeutung des Begriffs „Muße" heraus.

9 Erkläre den Zusammenhang zwischen Freizeit und Muße und erläutere den Ratschlag, dass wir wieder lernen sollten, aus der Freizeit Muße zu machen.

Sachverhalte nach Kriterien bewerten

GRUNDWISSEN

Wie können wir Sachverhalte bewerten?

In unserem Alltag gibt es oft Situationen, in denen wir etwas bewerten, also unsere Meinung darüber äußern, wie wir etwas finden. Wenn dich ein Freund fragt, wie du seine neue Jacke oder den Film, den ihr gemeinsam angeschaut habt, findest, antwortest du spontan „gut", wenn dir die Jacke bzw. der Film gefällt, oder „nicht so gut", wenn das nicht der Fall ist.

subjektiv
von persönlichen Gefühlen und Meinungen bestimmt

objektiv
sachlich, neutral

Subjektive Bewertung

Bei einer solchen Aussage handelt es sich um eine **subjektive Bewertung**, das heißt, dass deine persönlichen Maßstäbe und Vorstellungen grundlegend für deine Bewertung sind.

Objektive Bewertung

Um etwas unabhängig von deiner persönlichen Meinung, also **objektiv** zu bewerten, brauchst du Kriterien, an denen du dich orientieren kannst.

Kriterien für eine Bewertung entwickeln

Im ersten Schritt kannst du deine persönliche Bewertung begründen:

Ich finde die Jacke gut, weil ...
- sie modisch ist,
- die Farbe meinem Freund gut steht,
- sie günstig war.

So werden dir deine Kriterien klar und du kannst sie als Fragen formulieren:
- Entspricht der Schnitt der aktuellen Mode?
- Passt die Farbe zum Typ meines Freundes?
- Wie hoch ist der Preis?

In einem zweiten Schritt suchst du nach weiteren Punkten, die darüber entscheiden, ob die Jacke als „gut" bezeichnet werden kann. Wichtig ist dabei, dass du jetzt nicht mehr von der Frage ausgehst, ob dir die Jacke gefällt, sondern überlegst, wann eine Jacke an sich „gut" ist.

Mögliche weitere Kriterien:
- Passt die Jacke zur Jahreszeit?
- Stimmt die Qualität?
- Ist sie wasserdicht?
- ...

1 Erkläre den Unterschied zwischen einer subjektiven und objektiven Bewertung.

M1 Beides ist doch Fußball!

Think	Bewerte mithilfe der Bilder, welche Aktivität dir als sinnvolle Freizeitgestaltung erscheint: Fußballspiel an der digitalen Konsole oder als Outdoor-Aktivität.
Pair	Findet im Zweier-Team heraus, welche Kriterien eurer Bewertung zugrunde lagen.
Share	Vergleicht eure Ergebnisse und erstellt eine Liste mit Kriterien, wann Freizeitaktivitäten sinnvoll sind.

2 Nimm noch einmal deine TOP 5-Liste der Freizeitaktivitäten (S. 26) und bewerte deine Freizeitgestaltung anhand der erarbeiteten Kriterien. Je nach deinem Ergebnis kannst du überlegen, was du in deiner Freizeit anders machen könntest, um diese sinnvoller zu nutzen.

Ein Freizeitprogramm entwickeln

Vielleicht kennt ihr das auch von eurer Schule: Ganztagsschulen bieten Freizeitangebote für Schülerinnen und Schüler in der Zeit nach dem Mittagessen. Außerdem gibt es Freizeit-Arbeitsgemeinschaften, sogenannte AGs, wie zum Beispiel Videomotiongruppen. Entwickelt ein eigenes Nachmittagsprogramm, das an Kriterien für sinnvolle Freizeitgestaltung orientiert ist.

Freizeit ohne Grenzen?

M1 Nicht den Kopf verlieren

Bettina Kumpe

1 Beschreibe das Bild und erkläre seine Aussage.
2 Ist es dir schon einmal so ergangen wie dem Jungen auf dem Bild? Berichte von deinem Erlebnis.
3 Erkläre, warum Freizeit manchmal zum Stress wird.
4 Entwickle Lösungen, wie man Stress in der Freizeit vermeiden kann.

M2 Weniger ist mehr

Nach der Schule zur Nachhilfe, zum Fußballtraining oder zur Klavierstunde: Das gehört für 83 % Prozent aller deutschen Kinder [...] zum festen Bestandteil ihrer Freizeit [...]. Hinzu kommen Hausaufgaben und der Familienalltag mit seinen Pflichten. Dies [...] setzt die Kinder unter Druck. Franziska Schlag, Leiterin einer Erziehungsberatungsstelle, kennt das Problem. Und auch seine Folgen: „Wenn Kinder unter Druck stehen, kommen häufig körperliche Symptome zum Vorschein. Dazu zählen Kopf- und Bauchschmerzen und die Kinder sind infektanfälliger."

Dabei seien Hobbys grundsätzlich eine gute Möglichkeit [...], sich weiter zu entwickeln und Talente zu fördern. Dennoch rät die Pädagogin [...] zu „mehr Mut zur Lücke." Denn in der Langeweile stecke viel Potenzial für Kreativität. „Die Langeweile, die freie, unverplante Zeit, bietet Raum für die eigene Entwicklung", sagt Franziska Schlag.

Symptom Anzeichen einer Krankheit

Infekt Infektion, Erkältung

Talent Begabung

5 Arbeite aus dem Text heraus, welche Gefahren der „Freizeitstress" mit sich bringt.
6 Erkläre, was mit dem „Mut zur Lücke" gemeint ist.
7 Langeweile wird meistens als negativ empfunden. Erinnerst du dich an eine Situation, in der du sie als positiv empfunden hast? Berichte in der Klasse.
8 Ein Wochenplan kann dabei helfen, den Freizeitstress zu reduzieren. Skizziere einen solchen, notiere dir all deine Freizeitaktivitäten und markiere farblich, wann du Ruhephasen hast.

M3 Ein Sport für jeden?

Skiunfälle werden weniger, dafür aber schwerer.

Winterurlaub ohne Schnee? Wenn das Wetter mal nicht mitmacht, sorgen Schneekanonen für befahrbare Pisten. Ein nicht ganz unproblematisches Vorgehen. [...] Im gesamten Alpenraum wird bereits eine Fläche beschneit, die der Wasserfläche des Bodensees entspricht. Dabei kommt eine Wassermenge zum Einsatz, die höher ist, als die Stadt München pro Jahr verbraucht. Der Stromverbrauch liegt etwas über dem Jahresverbrauch von Nürnberg.

9 Stelle ausgehend von der Collage den Nutzen und die Gefahren bzw. die negativen Auswirkungen des Skifahrens in einer Tabelle gegenüber.

10 Vergleicht eure Ergebnisse und erstellt eine Mindmap. 7

11 Diskutiert, ob die Gefahren, die ihr zusammengestellt habt, gegen das Skifahren sprechen. 3

12 Skifahren ist eine beliebte Sportart, doch nicht jeder kann dieser Aktivität nachgehen. Erkläre, welche Gründe es dafür gibt. Unterscheide dabei, was an einem selbst und was an äußeren Umständen liegt.

Zu sich selbst finden – sich selbst erfahren

M1 Dem Talent auf der Spur

Du tanzt für dein Leben gern oder warst schon immer der beste Torschütze in deinem Sportverein? Dann hast du eins deiner Talente bereits entdeckt. Doch welche Fähigkeiten schlummern sonst noch in dir? Die folgenden Fragen helfen dir, deiner Begabung auf die Spur zu kommen:

1 *Was hast du schon immer gerne gemacht?*
2 *Bei welcher Tätigkeit vergisst du alles um dich herum und kannst dich nur schwer losreißen?*
3 *Welches Fach in der Schule macht dir am meisten Spaß?*
4 *Worin bist du wirklich gut?*
5 *Was kannst du besser als die meisten anderen?*
6 *Worüber könntest du den ganzen Tag reden?*
7 *Was würdest du gerne ausprobieren?*
8 *Was ist dein größter Traum?*

1 Beantworte die Testfragen und notiere deine Antworten auf einem Blatt Papier.
2 Erstelle deine „Talent-Karte": Fasse auf einem Blatt zusammen, was du als dein Talent ansiehst und was du noch angehen könntest. Wenn du möchtest, zeichne dazu ein Bild von dir oder klebe dein Foto auf deine „Talent-Karte".
3 Stellt eure Karten im Klassenraum aus. Lest die Karten eurer Mitschüler und gebt ihnen eine Rückmeldung, wo ihr ihre Talente seht. Ergänzt die Karten mit euren Ideen.
4 Setzt euch in Kleingruppen zusammen und macht euch gegenseitig Vorschläge, wie ihr eure Talente weiter fördern könntet. Notiert die Vorschläge eurer Mitschüler auf der „Talent-Karte."
5 Wähle eine Tätigkeit, die du für dich auf diesem Weg entdeckt hast, informiere dich darüber und versuche, diese umzusetzen. Beobachte, wie du dich dabei fühlst und was es für dich bedeutet.
6 Berichte später in der Klasse, wofür du dich entschieden hast und warum und ob du diese Tätigkeit fortsetzen möchtest.

GRUNDWISSEN

Selbstverwirklichung

Selbstverwirklichung bedeutet, dass man sein Leben nach eigenen Vorstellungen gestaltet, eigene Entscheidungen trifft und seine Ziele und Wünsche umsetzt, also ein zufriedenes und erfülltes Leben führt.
Wer sich selbst verwirklichen möchte,

- bemüht sich, seine Fähigkeiten und Talente zu erkennen und weiter zu entwickeln,
- verfolgt seine Ziele,
- kennt und akzeptiert seine Grenzen,
- nimmt sein Leben selbst in die Hand.

M2 Vom Traum zur Profikarriere

In seiner Biografie „Der feine Unterschied" berichtet der ehemalige Fußballprofi Philipp Lahm, wie er zu seinem ersten Profispiel kam, nachdem er von den Amateuren des FC Bayern München zu den Profis des VFB Stuttgart gewechselt war.

Zu meinem Bundesligadebüt für den VFB komme ich dann wegen einem Paar Schienbeinschützer. Zu Beginn der zweiten Halbzeit schickt der Trainer [Felix Magath] einen ganzen Schwarm Spieler zum Aufwärmen, auch mich, und gegen Mitte der Halbzeit gehen wir durch ein Tor von Imre Szabics 1 : 0 in Führung. Jetzt will der Trainer den Vorsprung absichern. Er holt Silvio Meißner vom Feld, aber der Spieler, der ihn eigentlich ersetzen soll, hat seine Schienbeinschützer noch nicht richtig in den Stutzen und trottet dem Trainer zu langsam Richtung Ersatzbank. Also sagt Magath: „Nein, du nicht" und zeigt stattdessen auf mich. Ich bin fertig. [...]

Später fasst er einige wichtige Eigenschaften zusammen, die seiner Meinung nach wichtig waren, um ein Profi zu werden:

Immer die Freude am Fußball behalten, Vertrauen in das eigene Gefühl entwickeln, immer nur an den nächsten Schritt denken, nicht zu große Ziele setzen, aus Schwächen Stärken entwickeln, die Freude, Teil einer Mannschaft zu sein, die eigenen Möglichkeiten kennen, die richtige Unterstützung suchen.

Debüt
erster öffentlicher Auftritt, hier: das erste Spiel

7 Fasse alle Eigenschaften zusammen, die laut Philipp Lahm wichtig sind, um erfolgreich zu sein.

8 Ist Philipp Lahms Karriere als Fußballprofi für dich ein Beispiel für Selbstverwirklichung? Begründe deine Auffassung.

M3 Anderen helfen – sich selbst verwirklichen?

9 Erläutere anhand der Bilder, wann es möglich ist, sich selbst zu verwirklichen, wenn man für andere etwas tut.

10 Nenne weitere Beispiele und setze deine Ideen in deinem Umfeld um.

Ich wiederhole mein Wissen

Nutzen der Freizeit

Meine Zeit zwischen Pflicht und Freizeit > S. 24

Im Zeitraum zwischen verschiedenen Pflichten wie Arbeit oder Schule, steht jedem Einzelnen Zeit zur Verfügung, die er nach eigenem Wunsch nutzen kann. Die Freizeitmöglichkeiten sind dabei kaum begrenzt:

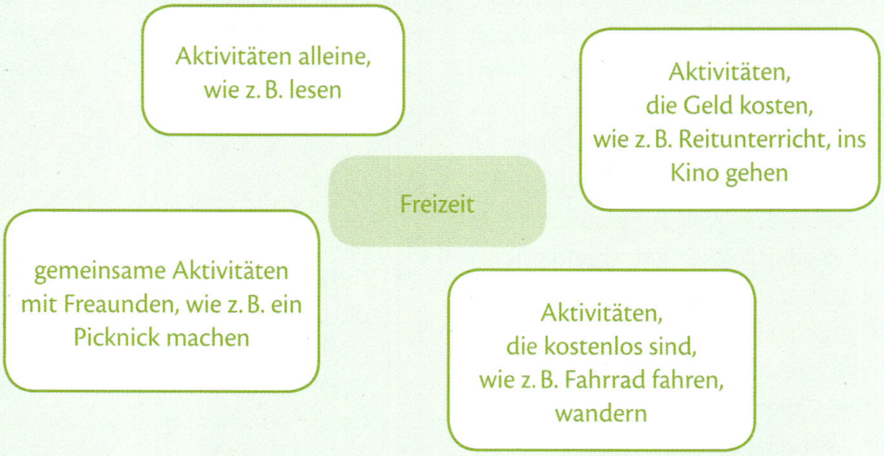

Wer die Wahl hat, hat die Qual

Wie gestalte ich meine freie Zeit > S. 26

Jeder entscheidet sich für eine andere Form der Freizeitgestaltung, je nachdem, welche **Begründung** ihm dafür wichtig ist.

Das können zum einen **Neigungen** sein, also einfache **Interessen**. Wer einen Hund zu Hause hat, mit dem er gerne spielt und den er gerne beschäftigt, der geht mit dem Tier ausgiebig spazieren oder führt gerne den Hund der alten Dame ums Eck aus. Wer es liebt, in Geschichten einzutauchen und Abenteuer zu erleben, der liest bestimmt gerne ein Buch oder sieht sich spannende Filme an.

Doch auch **Talent** kann eine wichtige Voraussetzung für die Entscheidung über unsere Freizeit sein: Wer im Sportunterricht merkt, dass er besonders gut im Langlauf und Hochsprung ist, der wird sich in seiner Freizeit einen Sportkurs suchen, in dem er Leichtathletik üben kann. Und wer schon von klein auf gerne zeichnet und malt und von Beginn an dafür großes Lob erntet, der wird sein Talent in späteren Jahren durch das Verfeinern seiner Technik weiter ausbauen.

Verbringe ich meine Zeit sinnvoll?

Sachverhalte nach Kriterien bewerten > Methodenkompetenz S. 28

Nicht jede Form der Freizeitbeschäftigung ist als sinnvoll zu bewerten. Manchmal kommt es uns so vor, als hätten wir unsere freie Zeit unnötig verschwendet und möchten daher unseren Umgang mit der Zeit, die uns zur Verfügung steht, überdenken und verändern. Ein Mittel dafür ist die Hinterfragung der eigenen Beschäftigungen nach **Kriterien**. Diese Kriterien können subjektiv (persönlicher Maßstab) und objektiv (allgemeiner Maßstab) sein und beispielsweise Gesundheit, Bewegung oder Kreativität betreffen.

Gefahren und Grenzen der Freizeitmöglichkeiten

So sehr die Freizeitgestaltung der **Gesundheit** nützen kann, so kann sie ihr auch schaden. Beispielsweise wenn wir das Gefühl haben, ganz unterschiedlichen Beschäftigungen nachgehen zu wollen, uns kaum für etwas entscheiden können und dann anfangen, viele verschiedene Dinge in den Alltag einzubinden. In einem solchen Fall, wenn man von Aktivität zu Aktivität hetzt, spricht man von **Freizeitstress**, der auf Dauer ungesunde Folgen haben kann.

Auch kann unsere Form der Freizeitnutzung eine Gefahr für die **Umwelt** darstellen. So ist beispielsweise die Nutzung von Schneekanonen in Gebieten ohne Schnee eine große Umweltbelastung, die nur zur Freude der Menschen in Kauf genommen wird.

Ein anderes Problem sind die **Grenzen** unserer Freizeitgestaltung durch äußere Faktoren. So kann es z. B. vorkommen, dass man unbedingt in einem Fußballverein mitspielen möchte, dieser aber einige Kilometer entfernt ist und die Eltern am Nachmittag keine Zeit haben, einen dort hinzufahren. Ein anderes Problem besteht darin, dass man eine Freizeitaktivität wählt, die viel Geld kostet, das man selbst noch nicht bezahlen kann. So sind neue Computer- oder Konsolenspiele meist sehr kostspielig und mit Taschengeld kaum zu bezahlen. Hier ist man lange Zeit auf das Wohlwollen der Eltern angewiesen, die entscheiden können, welches Spiel man in den nächsten Wochen spielt.

Freizeit ohne Grenzen?
> S. 30

Selbstverwirklichung in der Freizeit

Freizeit muss nicht nur reine Beschäftigung sein. In der Art, wie man seine Freizeit gestaltet, kann man auch einen tieferen **Sinn** sehen, bzw. sich **selbst verwirklichen**. Dies kann einerseits durch die persönliche Talentförderung geschehen, was man zum eigenen Vergnügen betreibt.

Doch man kann sich auch einen Traum, den man von klein auf hatte, erfüllen: Beispielsweise lohnt sich das viele Üben einer Sportart, wenn man schließlich als Spitzensportler die langgehegten Karrierewünsche in die Realität umsetzt. Oder durch das Drehen und Schneiden von Filmen in der Freizeit als Jugendlicher ermöglicht man sich Wege in die Medienbranche, in der man später einmal arbeiten möchte. Andere üben schon früh, kleinere Spieleapps zu entwickeln, um später eine tolle App zu kreieren, die jeder auf seinem Smartphone hat. Die Möglichkeiten sind auch hier unbegrenzt.

Eine tolle Möglichkeit, um seiner Freizeitnutzung Sinn zu geben, sind ehrenamtliche Tätigkeiten. Anderen zu helfen, kann auch für einen selbst ein befriedigendes Gefühl sein.

Zu sich selbst finden – sich selbst erfahren
> S. 32

Ich wende mein Wissen kompetent an

Freizeit bietet Ausgleich zu den alltäglichen Pflichten. Damit du die Bedeutung der Freizeit für deine Entwicklung erfasst, solltest du erkennen und verstehen, ...

- dass es vielfältige Möglichkeiten gibt, Freizeit zu gestalten.
- dass es Grenzen bei der Wahl der Freizeitaktivität gibt.
- welcher Nutzen, aber auch welche Gefahren mit der Freizeit verbunden sind.

M1 Meine Freizeit

Jonas *Wenn ich aus der Schule komme, setze ich mich direkt vor den Computer und beschäftige mich mit allen möglichen Spielen. Wenn ich nicht vor dem Computer hocke, dann spiele ich entweder mit der Playstation oder gucke Fernsehen. Manchmal treffe ich mich auch mit meinen Freunden. Dann beschäftigen wir uns meistens mit Computerspielen.*

1 Arbeite heraus, wie Jonas seine Freizeit gestaltet.
2 Diskutiert, ob die Art und Weise, wie Jonas seine Freizeit verbringt, Folgen für seine Gesundheit haben könnte. Begründet eure Meinung. 3

Wir nutzen die Freizeit unterschiedlich. Damit du für dich eine gute Entscheidung triffst, wie du deine Freizeit gestaltest, solltest du überlegen und urteilen, ...

- welche Stärken und Vorlieben du hast.
- wie du deine Freizeit bewusst und sinnvoll gestaltest.

M2 Ein kleiner Unterschied?

1 Formuliere die Frage, die die Mutter dem Jungen wohl gestellt hat.
2 Erläutere, wie sich Vorstellungen der beiden über sinnvolle Freizeitgestaltung unterscheiden.
3 Versetze dich in den Jungen oder seine Mutter und begründe, warum du gerade diese Form der Freizeitgestaltung bevorzugst.

Damit du deine Freizeit sinnvoll nutzt und sie dir gut tut, solltest du ethisch handeln und kommunizieren, ...

- indem du deine Talente förderst.
- indem du dich für andere engagierst.

M3 Freizeit mal anders?

1 Beschreibe die auf dem Bild dargestellte Aktion.
2 Entwickelt zu zweit ein Interview, in dem ihr eine der Personen befragt, warum sie an der Aktion teilnimmt und was es für sie bedeutet.

Die Möglichkeiten, die Freizeit zu gestalten, sind vielfältig, aber nicht unbegrenzt. Deshalb solltest du dich einfühlen und Anteil nehmen, ...

- indem du die Freizeitwahl anderer wahrnimmst und akzeptierst.
- indem du deine Grenzen und die der anderen bei der Freizeitgestaltung berücksichtigst.

M4 Alles nicht so einfach

Situation 1 Leo lernt seit drei Jahren Geige. Er geht einmal pro Woche zum Unterricht und übt viel zu Hause. Trotzdem bekommt er nur falsche Töne heraus, kommt nicht weiter und ist frustriert.

Situation 2 Anna hat in den Ferien einen Reitkurs gemacht. Sie würde den Unterricht gerne fortsetzen, aber der nächste Reithof ist 25 km von ihrem Wohnort entfernt und ihre Eltern können sie nicht dahin bringen, weil sie beide berufstätig sind.

1 Benenne das Problem von Leo und Anna.
2 Arbeite heraus, was den beiden Situationen gemeinsam ist und worin sie sich unterscheiden.
3 Gib Anna oder Leo Ratschläge, wie sie mit der Situation umgehen könnten und welche Alternativen es geben könnte.

Freunde
Ausschlafen
Familie
den Gedanken
nachgehen
Zappen

■ Glück und Lebensfreude

1 Zeichne deine eigene „Glücksblume". Trage darin ein, was du als Glück empfindest.
2 Erkläre anhand deiner Zeichnung, was Glück für dich bedeutet. Formuliere eine passende Definition.
3 Diskutiert über eure Definitionen von Glück, einigt euch auf eine gemeinsame und haltet sie auf einem Plakat fest. Korrigiert nach Abschluss des Kapitels eure Formulierung auf Grundlage eures neu erworbenen Wissens.
3, 8

Glück haben oder glücklich sein

M1 Glückserlebnisse

GRUNDWISSEN

„Luck" und „happiness"

Das Wort Glück hat im Deutschen eine doppelte Bedeutung:

1. Glück kann das zufällige „Glück haben" bedeuten: wenn z. B. etwas gut ausgeht, gut funktioniert, etwas Bestimmtes passiert oder nicht passiert, wenn man etwas (wieder) findet usw.
2. Glück kann aber auch ein besonders schönes Gefühl für den Moment oder einen längeren Zeitraum darstellen, dann hat es die Bedeutung „glücklich sein": wenn man sich zum Bespiel besonders wohl, angenommen, entspannt, geliebt, ausgeruht, erfolgreich oder beliebt fühlt.

In anderen Sprachen gibt es dafür jeweils zwei Wörter:

Englisch:	Französisch:	Lateinisch:
luck – happiness	*fortune – bonheur*	*fortuna – felicitas*

Think	Betrachte die Bilder und beschreibe, ob die Personen eher „Glück haben" oder „glücklich sind". Formuliere dann für dich eine Situation, in der du schon einmal Glück gehabt hast, und eine weitere Situation, in der du glücklich warst.
Pair	Bildet Zweier-Teams und tauscht eure Ergebnisse zu den Bildern und zu euren „Glückslisten" aus. Einigt euch auf eine Situation, die für euch beide „Glück haben" bedeutet. Findet dann eine gemeinsame Situation, in der ihr beide das Gefühl habt, „glücklich zu sein".
Share	Stellt euch gegenseitig in der Gruppe eure gemeinsamen Situationen zu Glück als „Glück haben" und „glücklich sein" vor und beschreibt die Unterschiede bzw. auch Gemeinsamkeiten der beiden Bedeutungen.

M2 Das alles ist „Glück"

Epikur sagt, dass es nur einen Weg zum Glück gibt: Mit der Sorge um Dinge aufzuhören, die jenseits der Grenzen unseres Einflussvermögens liegen.

„Da hattest du aber Glück im Unglück."

„Er hatte mehr Glück als Verstand."

„Glück und Glas, wie leicht bricht das."

Aristoteles sagt, dass eine Schwalbe noch keinen Frühling macht und auch nicht einen Tag. Und so macht auch nicht ein Tag oder eine kleine Zeitspanne den Menschen glücklich und selig.

„Dem Glücklichen schlägt keine Stunde."

„Du Glückspilz!"

Jeremy Bentham sagt, dass der Mensch sein Glück in dem Maße vermehrt, in welchem er es anderen verschafft.

Immanuel Kant sagt, das größte Glück des Menschen ist, dass er selber Urheber seiner Glückseligkeit ist, wenn er fühlt, das zu genießen, was er sich selbst erworben hat.

Epikur
(341 v. Chr. - 270 v. Chr.)
griechischer Philosoph, der die hedonistische Lehre entwickelte

Aristoteles
(384 v. Chr. - 322 v. Chr.)
griechischer Philosoph, einer der einflussreichsten Philosophen der Geschichte

Jeremy Bentham
(1748-1832)
englischer Jurist und Philosoph

Immanuel Kant
(1724-1804)
deutscher Philosoph

1 Erkläre drei der Sprüche / Zitate in deinen Worten.

2 Ordne die einzelnen Zitate der Bedeutung „Glück haben" und „glücklich sein" zu.

3 Erkläre anschließend, warum es nicht in allen Fällen möglich ist, eine klare Trennung der Begriffe einzuhalten.

4 Formuliert gemeinsam einen eigenen Satz, was Glück für euch bedeutet.

Was macht glücklich?

M1 Glück im Überfluss?

Pieter Bruegel d. Ä., Das Schlaraffenland (1567)

Pieter Bruegel
(ca. 1525-1569)
niederländischer Maler

Schlaraffenland
ein unwirklicher Ort in Märchen oder Sagen, in dem alles im Überfluss vorhanden ist und die Menschen nicht arbeiten müssen

1 Benenne wichtige Elemente des Bildes und erkläre die Stimmung, die auf dem Bild dargestellt wird. 1
2 Erkläre, ob die Personen glücklich wirken. Begründe deine Meinung.

3 Beschreibe deinen persönlichen „Schlaraffenland-Glückstag", in dem du von einem Wunschtag deiner Wahl erzählst.
4 Vergleicht anschließend gemeinsam eure Ergebnisse in der Klasse. Überlegt, ob so ein Schlaraffenland-Glückstag wirklich vollkommen glücklich macht.

M2 Sterntaler

Es war einmal ein kleines Mädchen, dem war Vater und Mutter gestorben, und es war so arm, dass es kein Kämmerchen mehr hatte, darin zu wohnen, und kein Bettchen mehr, darin zu schlafen, und endlich gar nichts mehr als die Kleider auf dem Leib und ein Stückchen Brot in der Hand, das ihm ein mitleidiges Herz geschenkt hatte. Es war aber gut und fromm. Und weil es so von aller Welt verlassen war, ging es im Vertrauen auf den lieben Gott hinaus ins Feld. Da begegnete ihm ein armer Mann, der sprach: „Ach, gib mir etwas zu essen, ich bin so hungrig." Es reichte ihm das ganze Stückchen Brot und sagte: „Gott segne dir's", und ging weiter. Da kam ein Kind, das jammerte und sprach: „Es friert mich so an meinem Kopfe, schenk mir etwas, womit ich ihn bedecken kann." Da tat es seine Mütze ab und gab

Leib
Körper

fromm
gläubig, gottesfürchtig

sie ihm. Und als es noch eine Weile gegangen war, kam wieder ein Kind und hatte kein Leibchen und fror: da gab es ihm seins; und noch weiter, da bat eins um ein Röcklein, das gab es auch von sich hin. Endlich gelangte es in einen Wald, und es war schon dunkel geworden, da kam noch eins und bat um ein Hemdlein, und das fromme Mädchen dachte: „Es ist dunkle Nacht, da sieht dich niemand, du kannst wohl dein Hemd weggeben", und zog das Hemd ab und gab es auch noch hin. Und wie es so stand und gar nichts mehr hatte, fielen auf einmal die Sterne vom Himmel und waren lauter harte blanke Taler: Und ob es gleich sein Hemdlein weggegeben, so hatte es ein neues an, und das war vom allerfeinsten Linnen. Da sammelte es sich die Taler hinein und war reich für sein Lebtag.

Linnen
Leinen

Leibchen
Unterhemd

Lebtag
Leben

Taler
Geldstück

5 Gliedere den Text in sinnvolle Abschnitte und finde jeweils eine passende Überschrift.

6 Beschreibe, warum das Mädchen so viel abgibt, obwohl es doch selber sehr arm ist.

7 Stellt euch vor, ihr könntet das Mädchen interviewen. Schreibt zu zweit eure Fragen auf, die ihr stellen möchtet, und überlegt euch mögliche Antworten. Stellt euer Interview der Klasse vor.

LERNAUFGABE

Etwas erläutern

Beim Erläutern geht es darum, einen Sachverhalt klar darzustellen und durch zusätzliche Informationen verständlich zu machen. Um einen Text zu erläutern, kannst du zunächst seine Aussage in eigenen Worten wiedergeben. Danach ziehst du Informationen aus anderen Texten oder dein Wissen über bestimmte Dinge, um die es in dem Text geht, heran, um verständlich zu machen, was damit gemeint ist.

L1 Erläutere, was dem Mädchen zu Beginn der Geschichte zu einem guten Leben fehlt (Z. 1-8).

L2 Erläutere, ob du das Mädchen für glücklich oder unglücklich hältst. Entwirf jeweils eine Antwort für die Zeit vor und nach dem Moment, als die Sterne vom Himmel fallen.

Knobelaufgabe

Diskutiere mit deinem Partner, ob Reichtum immer Glück und Armut immer Unglück bedeutet. 3

Zum Glück gibt es etwas gegen Unglück

M1 Wo fängt das Glück an?

C.W. Röhrig
Der Weg zum Glück liegt in … (1999)

1 Erkläre das Bild unter Berücksichtigung seines Titels. 1

M2 Der Schäfer und das Glück

Ein Wanderer trifft auf einen Schäfer. Er fragt diesen, wie wohl das Wetter in den nächsten Tagen werden würde. Der Schäfer antwortet: „So, wie ich es gerne habe“. „Woher wissen Sie, dass das Wetter so werden wird, wie Sie es mögen“, fragt der Wanderer. „Sehr einfach“, antwortet der Schäfer. „Ich habe die Erfahrung gemacht, dass ich nicht immer das bekomme, was ich möchte. Also habe ich gelernt, immer das zu mögen, was ich bekomme. Deshalb bin ich mir sicher, dass das Wetter so wird, wie ich es mag“.

2 Erkläre, warum der Schäfer mit jedem Wetter einverstanden und damit glücklich ist.

3 Beschreibe eigene Situationen, in denen du zwar nicht das bekommen hast, was du wolltest, aber dennoch glücklich warst.

Knobelaufgabe

„Jeder ist seine Glückes Schmied.“

„Hilft dir selbst, so hilft dir Gott.“

Erkläre, welche Lebenseinstellung die Sprichwörter vermitteln und welchen Weg zum Glück sie vorgeben. Diskutiert, ob ihr den Aussagen zustimmt. 3

M3 Was tun gegen Unglück?

„Ich bin so unglücklich“, sagte der Hans zur Mutter. „Was soll ich dagegen tun?“

„Versuche es mit guten Taten“, sagte die Mutter. „Tue jeden Tag eine gute Tat!“

„Warum?“, fragte der Hans.

„Weil gut sein glücklich macht“, sagte die Mutter.

„Ich will es versuchen“, murmelte der Hans.

Nach drei Tagen erkundigte sich die Mutter, ob es der Hans mit den guten Taten schon versucht habe.

„Ja“, rief der Hans. „Und es hat fabelhaft geholfen! Vorvorgestern habe ich mir Schokolade geschenkt. Vorgestern habe ich mir eine Kinokarte gekauft! Gestern habe ich mir eine Geschichte vorgelesen!“

„Du dir selber? Alles du dir selber?“, rief die Mutter entsetzt.

„Na sowieso!“, sagte der Hans. „Wer so unglücklich ist wie ich, hat gute Taten wohl am allernötigsten!“

4 „Gut sein macht glücklich.“ Erkläre, worin das Missverständnis zwischen Hans und seiner Mutter bezüglich dieser Auffassung liegt.

5 Nimm Stellung dazu, ob du es richtig findest, sich selbst etwas Gutes zu tun.

6 Erläutere, wie man den Ratschlag der Mutter in Bezug auf andere umsetzen könnte.

M4 Wenn helfen glücklich macht

7 Informiere dich über die Aktion „Kinder helfen Kindern“ und begründe, warum sich auch schon Kinder für andere einsetzen sollten. Finde eigene Möglichkeiten, wie du anderen helfen könntest. ⇨ 5

8 Benenne die Gründe, warum Ehrenamt und Engagement glücklich machen können.

9 Erzähle von einem Erlebnis, bei dem du (spontan) anderen helfen konntest. Beschreibe deine Gefühle in dieser Situation.

Ehrenamt
freiwillige Leistung zum Wohle anderer

Engagement
franz. für „Einsatz“

Glücksstrategien

GRUNDWISSEN

Wie man sich selbst zum Glück verhilft

Glücklich sein ist gar nicht so einfach. Es passieren viele Dinge, die unglücklich machen können: Streit mit der Familie, eine schlechte Note, ein geklautes Fahrrad. Gegen die Ursachen des Unglücks kann man oft nicht viel machen – allerdings können wir beeinflussen, wie wir selbst darauf reagieren und ob wir das Unglück darüber tatsächlich zulassen. Um aktiv zu lernen, zu jeder Zeit glücklich zu sein und positiv mit unterschiedlichen Situationen umzugehen, gibt es Strategien zum Glücklichsein:

1. Lächle regelmäßig zwischendurch. Auch wenn dir vielleicht nicht zum Lächeln zumute ist, reizt das Bewegen der Gesichtsmuskeln die Nervenenden im Gehirn, so dass das Gehirn positiver eingestellt ist und du bessere Laune bekommst.
2. Versuche einen Moment, der besonders schön ist, kurz „anzuhalten", indem du einfach darüber nachdenkst, dass der Moment toll ist.
3. Suche dir regelmäßig Zeit für schöne Momente, auch wenn alle anderen Stress machen und die Termine dich jagen. Versuche einen festen Tageszeitpunkt für einen „Glücksmoment" einzurichten.
4. Setze dir ein realistisches persönliches Ziel, welches du erreichen möchtest, und versuche dich in kleinen Minischritten diesem anzunähern. Freue dich über jeden kleinen Schritt, den du geschafft hast.
5. Wenn du einmal traurig bist, triff dich mit Freunden und lenke dich ab, unternimm etwas oder mache Sport, denn wenn du aktiv und nicht alleine bist, kommst du auf andere Gedanken.
6. Sage deinem besten Freund, wie du dich fühlst. Sei auch umgekehrt für deinen Freund da, wenn er nicht so glücklich ist. Wahre Freundschaften machen glücklich, weil man sich auf den anderen verlassen kann.
7. Klebe Fotos / Bilder oder male auf ein Plakat, was oder wer dich glücklich macht und was für dich persönlich Glück bedeutet. Diese Glücks-Fotocollage kannst du über dein Bett oder an einen Ort hängen, an dem du oft bist. Dann wirst du immer an dein Glück erinnert.
8. Schreibe auf einen kleinen Zettel zehn Dinge, Menschen oder Situationen auf, die dich glücklich machen. Trage diesen Zettel mit dir und schaue darauf, wenn du traurig bist.

Plakat „Glücksstrategien" erstellen

Formuliere die Strategien zum Glücklichsein in eigenen Worten und schreibe sie auf ein Plakat, das du bei dir daheim im Zimmer aufhängst, um dich immer daran zu erinnern. Ergänze weitere Strategien aus deinen eigenen Erfahrungen, die zum Glück verhelfen. 8

M1 Halbvoll oder halbleer?

1 Arbeite heraus, welche zwei Sichtweisen hinter dem Bild stehen.
2 Berichte von einer Situation, in der du „das Glas" erst einmal als „halbleer" wahrgenommen hast und dann im Nachhinein bemerkt hast, dass es doch eigentlich „halbvoll" war.
3 Erarbeitet gemeinsam einen Tipp, den ihr demjenigen geben würdet, der das Glas immer nur als halbleer bezeichnen würde.

Glückstagebuch führen

Erarbeite für die nächsten zwei Wochen ein Tagebuch, in dem du glückliche Momente festhältst. Dafür gehst du folgendermaßen vor:

- Kaufe oder bastle dir eine leeres Heft / Buch und gestalte es ansprechend als „Glückstagebuch".
- Nun trage jeden Tag ein, welche Glücksmomente du hattest. Du kannst dir auch Symbole ausdenken, die für dein persönliches „Glück" stehen.
- Notiere, welche Glücksstrategien du ausprobiert hast und ob du damit erfolgreich warst.
- Tauscht euch zu zweit über euer Glückstagebuch aus.
- Besprecht gemeinsam, wie sich euer Glückstagebuch weiterhin mit Glückssymbolen und glücklichen Momenten füllen kann.

Das gehört zum Leben dazu

M1 Wie das Leben so spielt

1 Beschreibe die abgebildeten Situationen.
2 Notiere zu jedem Bild Stichworte, wie die Jugendlichen sich fühlen und welche Gedanken ihnen durch den Kopf gehen.
3 Versetze dich in einen der Jugendlichen und schreibe an einen Freund oder eine Freundin eine kurze Nachricht, in der du berichtest, was du gerade erlebt hast.

M2 Glück und Unglück

Ein alter Mann mit Namen Chunglang, das heißt „Meister Felsen", besaß ein kleines Gut in den Bergen. Eines Tages begab es sich, dass er eins von seinen Pferden verlor. Da kamen die Nachbarn, um ihm zu diesem Unglück ihr Beileid zu bezeugen.

Der Alte aber fragte: „Woher wollt ihr wissen, dass das ein Unglück ist?" Und siehe da: Einige Tage darauf kam das Pferd wieder und brachte ein ganzes Rudel Wildpferde mit. Wiederum erschienen die Nachbarn und wollten ihm zu diesem Glücksfall ihre Glückwünsche bringen. Der Alte vom Berge aber versetzte: „Woher wollt ihr wissen, dass es ein Glücksfall ist?"

Seit nun so viele Pferde zur Verfügung standen, begann der Sohn des Alten eine Neigung zum Reiten zu fassen, und eines Tages brach er das Bein. Da kamen sie wieder, die Nachbarn, um ihr Beileid zum Ausdruck zu bringen. Und abermals sprach der Alte zu ihnen: „Woher wollt ihr wissen, dass dies ein Unglücksfall ist?"

Im Jahr darauf erschien die Kommission des Militärs in den Bergen, um kräftige Männer für den Stiefeldienst des Kaisers und als Sänftenträger zu holen. Den Sohn des Alten, der noch immer seinen Beinschaden hatte, nahmen sie nicht.

Chunglang musste lächeln.

es begab sich
es geschah / passierte

Stiefeldienst
Militärdienst, Wehrdienst

4 Eine Parabel möchte die Leser zum Nachdenken anregen und zu einer Erkenntnis bringen. Benenne in eigenen Worten, was du aus dieser Geschichte über das Glück und das Unglück lernen kannst.

5 Erkläre Chunglangs Lächeln zum Schluss der Geschichte.

6 Hast du auch schon einmal etwas erlebt, das du als Unglück oder Pech empfunden hast, das sich im Nachhinein aber als gar nicht so schlimm oder vielleicht sogar als Glück herausgestellt hat? Erzähle davon.

Parabel
eine Geschichte oder Erzählung, die eine Lehre enthält

Knobelaufgabe

„Erfolg ist das, was man auf sich lenkt;
Pech, das kommt von auswärts."

Diskutiert, was der Schweizer Schriftsteller Emil Baschnonga in diesem Spruch zum Ausdruck bringen wollte. 3

Was bewirkt Glück?

Flow
Zustand, in dem man völlig in einer Tätigkeit versunken ist

M1 Flow als Glückserlebnis

Der amerikanische Glücksforscher Mihaly Csikszentmihalyi fand heraus, dass Glück und „Flow-Erlebnisse" zusammen hängen. Solche Erlebnisse können ganz unterschiedlich sein, wie das Meistern einer Herausforderung oder das Umsetzen eines Talents. Diese Flow-Aktivitäten haben eines gemeinsam: Sie schaffen kreative Gefühle und treiben Menschen zu höheren Leistungen an.

Eine Bäuerin:

Die Arbeit auf dem Feld ist das Beste, was es gibt: Man ist erschöpft, aber man fühlt sich großartig. Ich versorge die Tiere, ich hacke, pflanze, ernte, kümmere mich um die Kartoffeln, das Gemüse und die Blumen […]. Wenn ich übers Feld schaue und alles gut aussieht, bin ich glücklich und zufrieden.

Eine Mutter, die das Zusammensein mit ihrer kleinen Tochter genießt:

Lesen gehört zu ihren Lieblingsbeschäftigungen, und wir lesen oft zusammen. Sie liest mir vor und ich lese ihr vor, und dann verliere ich den Kontakt mit dem Rest der Welt. Ich bin völlig in das vertieft, was ich tue.

Ein Musiker:

Es ist wirklich phantastisch. Ich achte nicht mehr auf meine Finger, die Tastatur, die Noten, den Raum. Nur meine Gefühle existieren, und durch meine Hände kommen sie nach außen. Du wirst eins mit der Musik, denn auch die Musik ist identisch mit dem, was du fühlst.

1 Erkläre, was die abgebildeten Personen bei ihrer Tätigkeit fühlen.
2 Erläutere, wie ein Erlebnis zu einem Flow-Erlebnis werden kann.
3 Schreibe einen kurzen Artikel für die Schülerzeitung über Flow als Glückserlebnis und berichte von deinen eigenen Erfahrungen.

M2 Schadenfreude als Popkultur

Pranks (deutsch „Streiche") erfreuen sich in den letzten Jahren einer großen Beliebtheit. Das Ziel von Pranks ist es, auf Kamera aufzuzeichnen, wie Menschen sich erschrecken, und diese Videos dann online zu stellen, damit andere darüber lachen können.

Die Prank-Kultur ist verbreiteter denn je. Es gab mal Zeiten, da wurden Männer namens [...] Ashton Kutcher dafür bezahlt, nichts ahnenden Opfern Streiche zu spielen. Heutzutage kann hingegen jeder, der einen Internetzugang besitzt, sich einen Namen machen, indem er anderen etwas Fieses antut.
Moroni Matteo betreibt einen Prank-Kanal auf YouTube namens DM Pranks Productions. In frühen Videos gibt es noch so milde Späße wie den „Riesen-Nieser" oder „Leute verwirren", aber in einigen der neuesten Videos jagt ein Mann in Militäruniform Fremden mit einem Flammenwerfer hinterher [...] und natürlich gibt es auch einen Killer-Clown.
Auf die Frage, was ihn dazu bewege, Menschen zu erschrecken, antwortet er mit einer seltsamen Ernsthaftigkeit und beschreibt einen seiner Pranks als „einen wahr gewordenen Kindheitstraum".
Wie fühlt er sich, wenn er einen Streich abzieht? „Ich fühle mich dabei sehr gut", sagt er.

Kultur
> Glossar

Ashton Kutcher
(*1978) amerikanischer Schauspieler und Show-Moderator

4 Erkläre, was mit Prank-Kultur gemeint ist.
5 Hast du schon einmal ein Prankvideo gesehen? Berichte davon und nimm Stellung dazu, ob du die Streiche lustig findest oder Pranks zu weit gehen.
6 Der Spaß an Pranks ergibt sich durch die Reaktion anderer. Erkläre, ob das Glück, das man durch das Erschrecken von Menschen erfährt, wirkliches Glück ist.

Knobelaufgabe

„Der schlechteste Zug in der menschlichen Natur bleibt aber die Schadenfreude, da sie der Grausamkeit enge verwandt ist." Erklärt Arthur Schopenhauers Aussage. Bezieht dabei insbesondere die möglichen Folgen von Pranks mit ein.

Arthur Schopenhauer
(1788-1860)
deutscher Philosoph und Hochschullehrer

M3 Erfolgsglück mal anders

Der Fußballspieler Cristiano Ronaldo fällt immer wieder durch seine Sätze über sich selbst auf:

„Ich suche die Rekorde nicht, die Rekorde finden mich."

„Wenn alle mein Level hätten, wären wir Erster."

„Wenn mich jemand als den Besten der Welt bezeichnen würde, würde mich das nicht überraschen."

Cristiano Ronaldo
(*1985) weltbekannter portugiesischer Fußballspieler

7 Beurteile Ronaldos Aussagen vor dem Hintergrund seiner weltweiten Erfolge. Nimm Stellung dazu, ob du sein Verhalten als angemessene Reaktion auf Erfolg deutest.

8 Begründe, warum du dich in seiner Lage (nicht) genauso äußern würdest.

Ist Glück käuflich?

M1 Pures Glück?

Kauf Dich glücklich.

Technik-Geschäft

Schrei vor Glück.

Schuhhersteller

Wach, schön und glücklich.

Frühstücksdrink

Wir shoppen nicht, wir kaufen uns glücklich.

Einkaufszentrum

glück... glück... glück... ist ein frisches Bier.

Biermarke

Kleine Preise machen glücklich.

Supermarkt

1 Beschreibe, wie die Werbesprüche auf dich wirken. Erkläre, welche Vorstellung vom Glück sie vermitteln.

2 Nimm Stellung dazu, ob man die vermittelte Haltung so eng mit dem Produkt verknüpfen kann.

3 „Glück ist käuflich". Begründet, weshalb ihr dieser Aussage zustimmt oder sie ablehnt, und diskutiert anschließend darüber, ob ihr Glücksversprechen in der Werbung für sinnvolle Strategien oder Manipulation haltet. 3

Manipulation
Beeinflussung, Lenkung in eine bestimmte Richtung

Glücksversprechen auf der Spur

Werdet Glücksdetektive und recherchiert in Zeitschriften, Fernsehen oder im Internet nach Werbung, die Glück verspricht. Macht ein Foto oder einen Screenshot von der Werbung und klebt sie auf ein Plakat. Diskutiert über die Versprechen, die hinter der Werbung stecken. 5, 8, 3

M2 Lauter Glücksversprechen

Ich wäre gern viel größer.
Ich hätte gerne mehr Geld.
Ich würde gern mehr reisen,
am liebsten um die ganze Welt.
Ich hätte gerne blaue Augen
und etwas mehr Gelassenheit.
Ich würd gern Menschenleben retten.
Ich hätte gern mehr Zeit.
Es ist nicht immer leicht, ich zu sein. […]
Manchmal ist es sogar sauschwer.
Es ist nicht immer leicht, ich zu sein. […]
Manchmal wär ich lieber sonstwer.
Ich hätte gern blonde Haare.
Ich wäre gern topfit.
Ich wäre gern viel schöner.
Ich wäre gern Brad Pitt.
Dann hätt ich Kohle ohne Ende,
'n Riesen-Haus am Strand
auf einem herrlichen Gelände
und teure Bilder an der Wand.
Dann läg ich abends um sieben
noch in der Sonne am Pool.
Und alle würden mich lieben.
Ich wäre einfach saucool.
Ich hätte fünfundzwanzig Diener
und 'n riesengroßes Bett,
und darin läg die Angelina.
Das wär doch irgendwie nett!
Es ist nicht immer leicht, ich zu sein. […]
Manchmal wär ich lieber
Brad Pitt.

TRENNUNG – das Aus für Brangelina?

4 Erkläre, welche Chancen glücklich zu werden der Sprecher sieht und beurteile, ob diese Versprechen wirklich zum Glück verhelfen.

5 Brad Pitt und Angelina Jolie besitzen augenscheinlich alles, was man sich wünschen kann. Trotz allem leben sie nun getrennt. Erkläre, was das über das Verhältnis zwischen Glück und Anerkennung, Reichtum, Schönheit … aussagt.

M3 Nur vergleichsweise glücklich

Stellt euch vor, ab morgen bekommt ihr alle in eurer Klasse fünf Euro mehr Taschengeld. Wie würdet ihr euch fühlen? – Stellt euch nun vor, am nächsten Tag erfahrt ihr, dass die Schüler in anderen Klassen alle zehn Euro mehr Taschengeld bekommen haben. Wie fühlt ihr euch jetzt?

6 Erläutere, inwiefern der Vergleich mit anderen sich darauf auswirkt, ob du dich glücklich fühlst.

Ich wiederhole mein Wissen

„Luck" und „happiness"

Glück haben oder glücklich sein
> S. 40

Das Wort **„Glück"** hat im Deutschen eine doppelte Bedeutung:

1. **„Glück haben"** heißt, dass einem etwas Tolles passiert, ohne dass man (immer) darauf konkret Einfluss hat. Gemeint ist, dass man etwas wiederfindet, was man verloren hat, oder dass eine Sache klappt, die man sich lange gewünscht hat.
2. **„Glücklich sein"** heißt, dass man sich über längere Zeit hinweg in einem Zustand der Zufriedenheit befindet. Das passiert vor allem dann, wenn man sich besonders angenommen, geliebt oder erfolgreich fühlt.

Bedingungen des Glücks

Kultur
> Glossar

Was macht glücklich?
> S. 42

Glück wird in jeder **Kultur** und von **Mensch zu Mensch** unterschiedlich gesehen. So ist für den einen das Glück erst dann perfekt, wenn er viel Geld hat. Andere hingegen verstehen sich schon als glücklich, wenn sie schöne Momente, die kein Geld kosten, mit Freunden und Familie verbringen können. Es gibt daher verschiedene **kulturelle Vorstellungen**, was Glück eigentlich ist. Noch wichtiger ist aber das eigene Gefühl: Jeder muss selbst entscheiden, was genau er für sein Glück braucht und ob das mit Geld, Gesundheit, anderen Menschen oder nur der eigenen Person zu tun hat.

Was tun gegen Unglück?

Zum Glück gibt es etwas gegen Unglück
> S. 44

Glücksstrategien
> Methodenkompetenz S. 46

Jeder ist mal unglücklich. Damit du etwas dagegen tun kannst, musst du dir erst einmal bewusst machen, dass **Unglück** oft im Kopf beginnt und sich daran bemisst, wie du eine Situation wahrnimmst.
Glücklichsein als Lebenseinstellung bedeutet, dass man auch glücklich sein kann, wenn man nicht alles hat oder erreicht. Dabei ist das Glück aber keine Hängematte, in die man sich einfach hineinlegen kann und wartet, dass man glücklich (gemacht) wird, sondern man muss auch aktiv etwas tun, um glücklich zu werden. Sich für etwas Realistisches anstrengen, sich langfristige Ziele zu setzen und sich dabei über kleine Schritte auf dem Weg dorthin zu freuen, hilft zum Glücklichwerden, denn „jeder ist seines eigenen Glückes Schmied".
Eine Möglichkeit, um glücklicher zu werden, bieten dir konkrete **Glücksstrategien**, wie zum Beispiel der regelmäßige Austausch mit Freunden, wenn es dir nicht gut geht, oder das aktive Festhalten von schönen Momenten in Form von Bildern, aus denen man eine Glückscollage basteln kann.
Eine andere Methode ist das regelmäßige Führen eines **Glückstagebuchs**, in dem du deine Glücksmomente sammelst und dir überlegst, welche Strategien du zur gezielten Gestaltung deines Glücks in deinen Alltag einbauen kannst.

Um sich glücklich zu fühlen, ist es auch manchmal wichtig, anderen etwas Gutes zu tun. Untersuchungen beweisen, dass man sich selbst oft schon glücklich macht, wenn man anderen hilft, z. B. bei einer **ehrenamtlichen Tätigkeit**. Allein der Gedanke, dass man anderen durch sein Handeln eine Freude machen kann, fördert die eigene Stimmung. Schon Jugendliche können aktiv werden und anderen helfen.

Pech vs. Glück

Manchmal läuft etwas nicht so, wie wir es uns wünschen. Wenn uns etwas Ungewolltes passiert, dann sprechen wir von **Pech**, was auf Dauer unglücklich machen kann. Ein kleineres Pech ist beispielsweise auszurutschen und hinzufallen, ein größeres Pech, wenn das neu gekaufte Handy aus Versehen im Wasser landet und kaputt geht. Doch genau wie unsere glücklichen Momente, die uns zufrieden, stolz oder freudig machen, gehört das Pech zum Leben dazu.

Das gehört zum Leben dazu
> S. 48

Wie zeige ich mein Glück?

Die Art und Weise, wie Menschen mit Glück umgehen, bzw. was sie eigentlich glücklich macht, kann ganz unterschiedlich ausfallen.

Was bewirkt Glück?
> S. 50

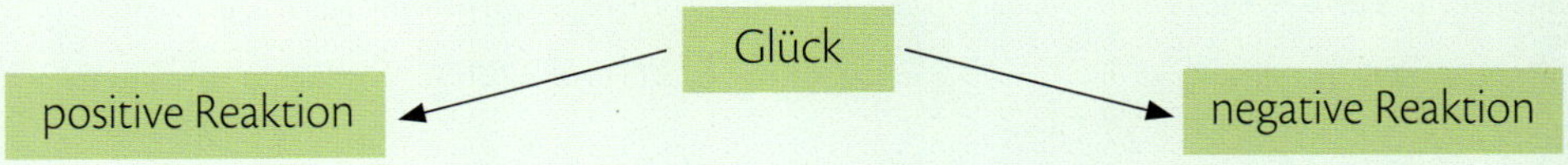

Einige Menschen reagieren auf ein positives Ereignis mit Glück und Zufriedenheit. Geht man in einer Tätigkeit vollkommen auf, so spricht man auch von **Flow** als **Reaktion** auf Glückserlebnisse. Allerdings gibt es auch negative Reaktionen auf vermeintliches Glück: Freut man sich z. B. über das Leid oder Pech anderer, so spricht man von **Schadenfreude**. Eine weitere negative Reaktion ist der **arrogante** oder **überhebliche** Umgang mit großem Erfolg.

Glücksversprechen

Durch die Medien sind wir zu jeder Zeit von Glücksversprechen umgeben. **Werbung** zielt meist darauf ab, ein Produkt als besonderen Glücklichmacher darzustellen, was für Menschen als Kaufanreiz wirken soll.

Auch zeigen uns die Medien oft Personen, die besonders glücklich wirken, weil sie als schön wahrgenommen werden oder viel **Anerkennung** durch ein bestimmtes Auftreten erlangen.

All solche Versprechen müssen wir kritisch hinterfragen, da Medien „oberflächliche" Aspekte wie **Schönheit** als übermäßig wichtig darstellen, diese als Quelle des Glücks aber meist von kurzer Dauer sind.

Ist Glück käuflich?
> S. 52

Ich wende mein Wissen kompetent an

Jeder von uns will glücklich sein. Um das umzusetzen, sollst du erkennen und verstehen, ...

- dass man zwischen „Glück haben“ und „glücklich sein“ unterscheiden kann.
- dass es persönliche Formen des Glücks gibt.
- dass Glück sich oft in Gefühlen wie Stolz, Zufriedenheit und Freude ausdrückt.

M1 Ein Königreich des Glücks

Der König von Bhutan hat 1972 das Glück zum obersten Ziel der nationalen Politik ausgerufen. Das heißt, dass die Regierung das Glück der Bürger zum wichtigsten Maßstab für ihr Handeln macht. Um das Ganze effektiv umzusetzen, gibt es sogar ein Zentrum für „Bruttonationalglück“, das die Aufgabe hat, zu überprüfen und zu messen, wie glücklich die Menschen im Land sind.

Bhutan Land in Südasien

Bruttonationalglück Anspielung auf Bruttonationalprodukt; meint die Gesamtheit allen Glücks der Bewohner des Landes

1. Erkläre, wie die Regierung in Bhutan versucht sicherzustellen, dass die Bürger glücklich sind.
2. Beziehe Stellung dazu, ob du Glück für messbar hältst.
3. Diskutiere mit deinem Partner darüber, ob es konkrete Mittel für eine Regierung gibt, um die Menschen glücklich zu machen, oder ob Glück eine persönliche Angelegenheit ist. 3

Damit dir bewusst ist, dass nicht alles wahres Glück ist, was zunächst so erscheint, solltest du überlegen und urteilen, ...

- welchen Glücksversprechen du tatsächlich glauben kannst.
- ob Schadenfreude aufgrund des Pechs anderer glücklich machen kann.

M2 Ups!

1. Stell dir vor, ein Mitschüler rutscht auf einer Bananenschale aus und alle lachen. Beschreibe deine Gefühle in dieser Situation.
2. Benenne Gründe, warum Menschen gerne über andere Menschen lachen, denen ein Missgeschick passiert.
3. Diskutiert in der Klasse, warum Schadenfreude nicht der richtige Weg zum Glück ist. 3

Für Glück muss man selbst aktiv werden. Daher solltest du für dich und andere ethisch handeln und kommunizieren, indem du ...

- andere durch ehrenamtliche Tätigkeiten glücklich machst.
- dein eigenes Glück durch Glücksstrategien bewusst förderst.

M3 Wie findet man Glück?

Bettina Kumpe

1 Erläutere Wege und Strategien, wie das Mädchen das Glück „selbst gemacht" haben könnte.

2 Überlege dir mit deinem Partner drei Möglichkeiten, anderen Menschen zu ihrem Glück zu verhelfen.

Verschiedene Menschen werden auf verschiedenen Wegen glücklich. Um die Situation anderer nachzuvollziehen, musst du dich einfühlen und Anteil nehmen, indem du ...

- dir das Glück und Unglück anderer Menschen bewusst machst.
- dich in andere versetzt und dir deutlich machst, dass Glück an kulturelle, materielle und persönliche Bedingungen geknüpft ist.

M4 Glück ist viel und nichts zugleich

Julian und Arjun sind beste Freunde. Sie haben viel gemeinsam, doch in einer Hinsicht unterscheiden sie sich: Julian ist nur dann glücklich, wenn er sein Smartphone hat und die gleichen Markenklamotten trägt, wie alle anderen in der Klasse. Arjun hingegen kommt aus einer Familie, die aus kulturellen Gründen Besitzlosigkeit anstrebt, weswegen Arjun kein Handy hat und nur in alter Kleidung herumläuft. Doch das stört Arjun nicht. Er ist nicht trotz, sondern gerade durch diese Situation sehr glücklich.

1 Erkläre die unterschiedlichen Vorstellungen von Glück, die die Jungen haben.

2 Erläutere, was Arjun wohl glücklich machen könnte, wenn es nicht Besitztümer sind.

3 Versetze dich in Arjuns Familiensituation, in der alle glücklich sind, ohne viel zu besitzen. Diskutiere mit deinem Partner, weshalb Besitzlosigkeit glücklich machen kann. 3

Jeder ist ein Fremder –
fast überall

Fremd –
und doch vertraut?

Wenn Vorurteile
den Blick trüben ...

Das Fremde verstehen und damit umgehen

Fremde Kulturen als Bereicherung

Angst vor dem Fremden

Toleranz oder Akzeptanz?

Andere Länder, andere Sitten

Das ist mir fremd

Was verbindet Menschen verschiedener Kulturen?

Was einem fremd ist

M1 Wortfeld „fremd"

der / die Fremde | Fremdwährung | Fremdsprache | fremdeln

verfremden | Fremdwort | ortsfremd | befremden

Think – Erkläre die Bedeutung dieser Wörter, indem du Beispiele dazu nennst, und benenne die Gefühle, die du damit verbindest.

Pair – Ergänzt im Zweier-Team das Wortfeld durch weitere Wörter. Ihr könnt dazu auch Wörterbücher benutzen. Überlegt euch auch bei diesen Wörtern, was sie genau bedeuten und welche Gefühle sie bei euch auslösen.

Share – Tragt in der Gruppe alle Wörter auf einem Plakat zusammen. Teilt dabei die Wörter in drei Kategorien ein, d. h. unterscheidet zwischen positiven, neutralen oder negativen Gefühlen und benennt diese Gefühle. Begründet, weshalb diese Gefühle so unterschiedlich ausfallen.

M2 Fremde Gerüche

1 Bringt von zu Hause je zwei Gewürze mit. Alle in der Gruppe riechen an diesen Gewürzen und beschreiben dann, wie sie diese empfinden, wie etwa wohlriechend oder eher übelriechend, würzig oder eher fade etc.

2 Begründe, weshalb einige dieser Gewürze dir vertraut, einige weniger vertraut und einige fremd sind.

3 Erkennst du einige Gewürze auf dem Foto? Benenne vier Gewürze und recherchiere, woher sie ursprünglich stammen. 5

Knobelaufgabe

Es gibt Länder, in denen es auf den Straßen Linksverkehr gibt, so z. B. in England, Australien und vielen mehr. Das ist für uns eher befremdlich. Kannst du dir erklären, weshalb die einen rechts, die anderen links fahren? Recherchiere dazu. 5

M3 Fremde Klänge

So gut wie alle Musik, die wir täglich hören, besteht aus nicht mehr als zwölf verschiedenen Tönen – der Hit von Cro genauso wie die Beethoven-Symphonie oder die Musik der Werbung. Diese zwölf Töne kann man hören, wenn man auf einem Klavier zwölf aufeinanderfolgende weiße und schwarze Tasten spielt. Daraus lassen sich zwei Arten von sogenannten Tonleitern bauen: die Dur-Tonleiter, deren Anfang zum Beispiel der Beginn von „Alle meine Entchen" ist. Und die Moll-Tonleiter, die die meisten Menschen eher traurig finden. […]
Die Menschen in Europa hören praktisch nie etwas anderes als Musik, die aus diesen beiden Tonleitern entstanden ist. Deshalb glauben sie, das sei die einzig „richtige" Musik. Um zu hören, dass das nicht stimmt, muss man gar nicht sehr weit wegfahren: Türkische Musik zum Beispiel besteht aus Tonleitern, in denen die weißen und die schwarzen Tasten anders angeordnet sind. Dann klingt die Musik ganz anders, fremd. Viele würden sagen: „orientalisch". Noch aufregender wird es in ganz anderen Ecken der Welt. In Indien zum Beispiel gibt es nicht zwölf Töne, sondern 22 – das klingt für unsere Ohren so, als würde ständig jemand falsch spielen. […]
Für die Menschen in diesen Ländern klingt die Musik allerdings überhaupt nicht fremd. Sie müssen sich eher an die Töne in der europäischen Musik gewöhnen. Daran sieht man vor allem eins: Es gibt keine „fremde" Musik. Es gibt nur Musik, an die manche Ohren nicht gewöhnt sind.

Cro
deutscher Sänger, Rapper, DJ und Musikproduzent

Ludwig van Beethoven
(1770-1827)
deutscher Pianist und Komponist

4 Hast du auch schon Erfahrungen gemacht mit Musik, die dir fremd ist? Erzähle davon.

5 Im Text steht: Es gibt keine „fremde" Musik. Diskutiert diese Aussage in der Gruppe. 3

M4 Fremde Schriften und fremde Sprachen

6 Finde heraus, zu welchen Sprachen diese zwei Schriften gehören.

7 Auch wenn die Sprachen und Schriften Europas und der Welt ganz unterschiedlich sind, haben sie doch viele Gemeinsamkeiten. Recherchiere dazu und beschreibe diese Gemeinsamkeiten. 5

Reaktionen auf das Fremde

M1 Was die Begegnung mit dem Fremden auslösen kann

Max Pechstein
(1881–1955)
deutscher Maler, wichtiger Vertreter des deutschen Expressionismus

Kultur
> Glossar

Max Pechstein, der Maler dieses Bildes, war sehr an außereuropäischen Kulturen interessiert. Um diese besser zu verstehen, malte er z. B. dieses Bild. Es ist ein Stillleben und zeigt afrikanische Statuen. Faszinierend – oder doch ein wenig unheimlich?

Max Pechstein
Stilleben mit exotischen Plastiken (1918)

Think
a) Benenne die Gefühle, die dieses Bild bei dir auslöst.
b) Sicher hattest du auch schon Begegnungen mit Fremden. Das können dir unbekannte Menschen sein, das kann eine andere Stadt sein, eine Geschichte, die du gelesen hast, oder ein Bild oder Film, die du dir angesehen hast. Schreibe in Stichworten auf, welche Gefühle diese Begegnungen bei dir ausgelöst haben.

Pair
Tauscht euch im Zweier-Team über die Erfahrungen mit dem Fremden aus.

Share
Tragt im Plenum diese Erfahrungen und Gefühle zusammen. Diskutiert, weshalb das Fremde so ambivalent sein kann.

ambivalent, Ambivalenz
widersprüchlich, Widersprüchlichkeit, hier: gleichzeitiges Nebeneinander von Gefühlen und Wünschen, die sich widersprechen

GRUNDWISSEN

Was ist Rassismus?

Rassismus ist eine **Reaktion auf das Fremde**. Rassisten lehnen sowohl die **körperliche** (z. B. Hautfarbe) als auch die **kulturelle** (z. B. Religion, Sprache, Kleidung) **Andersartigkeit von Menschen** ab und teilen die Menschen aufgrund dieser Merkmale und ihrer **nationalen und / oder religiösen Zugehörigkeit** in Gruppen („Rassen") ein. Den Mitgliedern einer auf diese Weise konstruierten Gruppe wird eine **gemeinsame Mentalität** zugeschrieben. Dabei erfolgt diese **Zuordnung von stereotypischen Eigenschaften und Verhaltensweisen nicht wertfrei**, sondern wird dazu benutzt, um die **eigene Gruppe auf- und die anderen Gruppen abzuwerten**. Auf diese Weise glauben Rassisten, Aggressionen jeglicher Art (verbale und körperliche Attacken, Diskriminierung etc.) rechtfertigen zu können.

stereotypisch Stereotyp
> Glossar

1 Hast du schon Erfahrungen mit Rassismus gemacht? Erzähle davon.

M2 Gegen böse Worte

Obwohl der Fußballprofi Jérôme Boateng mittlerweile ein durchaus angenehmes Leben führt, hat er nie vergessen, dass das Leben für ihn nicht immer so einfach war.

Boateng wurde 1988 in Wilmersdorf geboren, einem sehr schönen Stadtteil von Berlin. Doch schon als Kind spürte er, dass ihn manche Menschen anders anschauten und behandelten. Er lernte bald, dass das an seiner Hautfarbe lag; sein Vater Prince war aus Ghana nach Deutschland gekommen, von ihm hat Boateng die dunkle Hautfarbe geerbt. Seine Mutter allerdings ist deutsch, er selbst ist auch deutsch. Dennoch wurde er immer wieder angefeindet. Wenn er mit seinem Fußballteam, Tennis Borussia Berlin, bei anderen Klubs spielte, verhöhnten ihn immer wieder Zuschauer. Einmal sagte der Vater seines Gegenspielers, dass dieser Boateng „fertigmachen" solle, er benutzte dazu ein übles Schimpfwort. Boateng kamen die Tränen, sein Vater Prince schaute ebenfalls zu, er konnte ihn trösten. Doch in anderen Situation war sein Vater, der sich von der Mutter hatte scheiden lassen, nicht da. [...]

Im Herbst 2014 verlieh er an die Ferdinand-von-Miller Realschule in Fürstenfeldbruck bei München den Titel „Schule ohne Rassismus – Schule mit Courage". Als Pate dieses Projekts will er mit den Jugendlichen über ihre Erfahrungen sprechen. Zum Beispiel darüber, wie es ist, sich in der Heimat als Fremder zu fühlen. [...] Den Schülern will er zeigen, dass sie nicht alleine sind. Er will ihnen das Gefühl geben, dass sie wie alle sind, auch wenn sie anders aussehen oder anders reden.

Boateng weiß allerdings auch, dass noch viel passieren muss, bis niemand mehr wegen seiner Hautfarbe Nachteile hat. Als er mit der Nationalmannschaft einmal auf den Färöer-Inseln spielte, verhöhnten ihn die Zuschauer. [...] Boateng ging nicht darauf ein. Er weiß, dass die Hautfarbe nichts über einen Menschen aussagt. Sondern dass es etwas über einen Menschen aussagt, wenn er jemanden wegen dessen Hautfarbe als einen Fremden sieht.

2 Jérôme Boateng wird aufgrund seiner Hautfarbe angefeindet und beleidigt. Benenne die Gefühle, die zu rassistischen Verhaltensweisen führen können.

3 Nimm Stellung zu der Aussage, dass die Hautfarbe nichts über einen Menschen, sondern Rassismus vielmehr etwas über denjenigen aussagt, der sich rassistisch äußert.

4 Informiert euch über das Projekt „Schule ohne Rassismus – Schule mit Courage" und prüft zusammen mit eurem Ethiklehrer, ob ihr dieses Projekt an eurer Schule umsetzen könntet. 5

M3 Begrüßungsritual – einmal ganz anders

5 2014 besuchte die deutsche Bundeskanzlerin Angela Merkel ein Land, in dem sich viele Einwohner wie auf dem Bild gezeigt begrüßen. Finde heraus, um welches Land es sich handelt. 5

6 Eine solch ungewohnte Begrüßung kann vielleicht etwas unangenehm sein. Erläutert in der Gruppe, ob und wenn ja es dennoch richtig ist, die Begrüßungsstandards eines Landes, in dem man Gast ist, zu übernehmen.

Das Eigene und das Fremde – was sie miteinander verbindet

M1 Heimat – was ist das?

Bedürfnis
> Glossar

seit jeher
schon immer

Was bedeutet eigentlich Heimat? Mit dieser Frage beschäftigen sich die Menschen seit jeher. So gibt es denn auch sehr viele Sprichwörter aus ganz verschiedenen Epochen und Kulturen, die Heimat zu umschreiben versuchen. Denn das Bedürfnis nach Heimat ist etwas, das alle Menschen miteinander verbindet.

„Heimat ist kein Ort, Heimat ist ein Gefühl.“
Herbert Grönemeyer

„Nicht da ist man daheim, wo man seinen Wohnsitz hat, sondern wo man verstanden wird.“
Christian Morgenstern

„Heimat ist da, wo man sich nicht erklären muss.“
Johann Gottfried Herder

„Man weiß nicht, was man an der Heimat hat, bis man in die Ferne kommt.“
Deutsches Sprichwort

„Wo es mir gut geht, dort ist meine Heimat.“
Cicero zugeschrieben

„Freundschaft, das ist wie Heimat.“
Kurt Tucholsky

Kultur
> Glossar

Think	Notiere ganz spontan, was für dich persönlich Heimat bedeutet.
Pair	Einigt euch im Zweier-Team auf zwei Sprichwörter, die Heimat am besten beschreiben. Erläutert in eigenen Worten, was sie bedeuten. Findet Beispiele dafür.
Share	Gestaltet in der Gruppe ein Plakat, auf dem ihr alle Bedeutungen und Aspekte, die ihr mit Heimat verbindet, in Wort und Bild zusammenstellt.

M2 Neue Heimat?

Erstaufnahmeeinrichtung
erste Unterkunft für Flüchtlinge, von wo aus sie ihren Asylantrag stellen können

Perspektivenwechsel
> S. 15

Flüchtlinge, die nach Deutschland kommen, haben ihre Heimat verlassen. Sie fliehen vor Verfolgung, Hunger und Gewalt – und vor Kriegen, die ihr Land und damit ihre Lebensgrundlagen zerstören. Das Foto zeigt eine Erstaufnahmeeinrichtung für Flüchtlinge in Deutschland.

1 Beschreibe, wie die Flüchtlinge mit ihrer neuen Situation umzugehen versuchen.
2 Versetze dich mithilfe eines Perspektivenwechsels in die Flüchtlinge hinein, die hier wohnen, und benenne und beschreibe die Gefühle, die sie haben.

M3 Zweifache Flucht

Elyas (8) erzählt:

„In Syrien lebte ich bei meinem Großvater. Er ist ein zorniger Mann, der mich immer wieder geschlagen hat. Meine Eltern haben sich früh scheiden lassen, deswegen musste ich bei ihm leben. Dann brach der Krieg aus, und wir mussten in den Libanon fliehen. Dort angekommen wollte ich nicht mehr geschlagen werden von meinem Opa. Ich bin einfach davongelaufen. Zum Glück haben mich Sozialarbeiter gefunden und ins SOS-Übergangszentrum in Khenshara gebracht. Dort fühle ich mich sehr wohl. SOS achtet darauf, dass ich eine gute Schulbildung bekomme. Ich habe hier auch gelernt, anderen Menschen immer mit Respekt zu begegnen. Der Libanon ist jetzt meine Heimat – ich möchte für immer hierbleiben. Wenn ich an meine Heimat Syrien denke, habe ich immer Bilder von Explosionen, Schießereien und toten Menschen vor Augen. Ich möchte später Lehrer werden und eine eigene Familie gründen. Ich will meine Kinder ganz ohne Schläge großziehen."

Libanon
Staat am Mittelmeer, der im Osten an Syrien, im Süden an Israel grenzt

SOS-Kinderdorf
> Glossar

3 Formuliere in deinen eigenen Worten, weshalb sich Elyas eine neue Heimat und ein neues Zuhause suchen musste.

4 Versetze dich in Elyas und formuliere die Gedanken und Gefühle, die Elyas vor, während und nach seiner zweifachen Flucht hatte.

GRUNDWISSEN

Kinderrechte weltweit

Die UN-Kinderrechtskonvention wurde 1989 von der UN (United Nations) verabschiedet. Sie schreibt Kinderrechte fest, die **jeder Mensch unter 18 Jahren beanspruchen kann, egal woher er kommt, welche Sprache er spricht, welche Hautfarbe er hat und welche Religion er ausübt**. Diese Kinderrechte sind Ausdruck der **universellen Bedürfnisse aller Kinder weltweit**. Die wichtigsten Rechte, die in den 54 Artikeln dieser Konvention formuliert sind, sind u. a. folgende. Kinder haben ein Recht auf: *elterliche Fürsorge und familiäre Bindungen; Bildung; Spiel und Freizeit; freie Meinung, Information und Mitsprache; Erziehung ohne Gewalt; Betreuung bei Behinderung; Schutz vor wirtschaftlicher und sexueller Gewalt; Schutz im Krieg und auf der Flucht; Namen und Staatszugehörigkeit.*

Die SOS-Kinderdörfer engagieren sich für die Kinderrechte weltweit und sind vor allem auch für solche Kinder da, deren Eltern sich nicht um ihre Kinder kümmern (können).

Konvention
lat. *conventio* „Übereinkunft", hier: rechtliches Abkommen zwischen Völkern

UN, United Nations
> Glossar

Bedürfnis
> Glossar

5 Bestimme mithilfe des Grundwissens, welche Rechte von Elyas verletzt wurden und wie seine Rechte wiederhergestellt werden konnten.

6 Diskutiert in der Gruppe, inwiefern eure Bedürfnisse und Wünsche mit denjenigen von Elyas übereinstimmen. Bestimmt, was euch mit Elyas verbindet, was eventuell auch nicht. 3

Vorurteile und deren Ursachen

M1 Aussehen – Urteile – Vorurteile

a. Diese Person stammt aus dem Ausland.
b. Diese Person hat einen deutschen Pass.
c. Diese Person kann kein Deutsch oder nur ein bisschen.
d. Diese Person ist sehr intelligent.
e. Diese Person ist nicht sehr intelligent.
f. Diese Person hat einen muslimischen Hintergrund.
g. Diese Person hat einen christlichen Hintergrund.

Think	Ordne die verschiedenen Aussagen den Personen auf den Fotos zu. Auch mehrere Zuordnungen sind möglich.
Pair	Tauscht euch im Zweier-Team über eure Urteile aus und begründet eure Entscheidungen.
Share	Diskutiert in der Gruppe, was Vorurteile sind, was deren Ursachen und was deren Wirkungen sind. Beachtet dabei auch die folgende Lernaufgabe.

LERNAUFGABE

Beurteilen – im Unterschied zu Vorurteile äußern

Beurteilen heißt, mithilfe von tatsächlichen, eventuell sogar messbaren Kriterien zu einem **Sachurteil** zu kommen. Im Unterschied zum Operator „bewerten" muss beim Operator „beurteilen" nicht der eigene Wertmaßstab offengelegt werden.
Beispiel: „Die Italiener essen gerne Pastagerichte."
Ob diese Aussage wahr oder falsch ist, lässt sich z. B. während einer Italienreise problemlos überprüfen, indem man in Restaurants isst und sich in den Läden das Pastaangebot anschaut – und das Sachurteil wird dann sein: Die Aussage ist wahr.

Vorurteile hingegen sind keine Sachurteile. Personen, die Vorurteile haben und äußern, haben keine genauen Kenntnisse des Sachverhalts und stellen deshalb falsche Zusammenhänge her. Dazu kommt, dass Vorurteile immer Wertungen sind, meist verallgemeinernde und abwertende (selten auch aufwertende).
Beispiel: „Alle Blonden sind blöd."
Die Wahrnehmung ist „blond", die Verallgemeinerung liegt in „alle" und die Abwertung ist „blöd".

L1 Formuliere je zwei weitere Beispiele zu „Sachurteil" und „Vorurteil".
L2 Erläutere, woran man Vorurteile erkennt und wie sie sich abbauen lassen.

M2 Vorurteile aus der Sicht eines Flüchtlings – und Lebensretters

Mohamad, in München lebender Flüchtling aus Syrien und Journalist, erzählt:

Ich war mit einem Kumpel in die U-Bahn gestiegen, wir wollten zur Sprachschule fahren wie sonst auch, doch dann passierte etwas Schreckliches. Eine Frau stieg mit ihrem kleinen Sohn aus, und das Kind fiel in den Spalt zwischen Schiebetür und U-Bahn-Bahnsteig. Die Mutter schrie und weinte. Auch das Kind schrie, das konnten wir hören, aber nicht mehr sehen. […]

In Syrien passieren beim Bus- und Bahnfahren oft unvorhergesehene Dinge, mal wird ein Bus gestoppt und Leute verhaftet, ab und zu fährt ein Zug auch einfach nicht mehr weiter. Als syrischer Journalist muss man in Zeiten wie diesen flexibel sein, ich bin da also einiges gewohnt. Das Kind war zu weit nach unten gerutscht, um es zu fassen. Also packte ich meine Laptop-Tasche und rannte so schnell ich konnte den Bahnsteig entlang. Ich hatte das Fahrerhaus noch nicht erreicht und schrie „Stopp! Stopp!", aber der Fahrer hörte mich nicht. „Bitte zurückbleiben", tönte es aus einem Lautsprecher, ich wusste, was das heißt, und erhöhte die Schrittfrequenz. Meine schwarze Tasche wirbelte hinter mir her.

Was dann geschah, spricht besonders gut dafür, wie neu die Konfrontation mit Flüchtlingen wie mir für viele Münchner immer noch ist. Die Leute im Zug und am Bahnsteig sahen einen dunkelhäutigen Mann mit Tasche, der rannte und schrie. Ich erkannte die Angst in ihren Gesichtern. Einige sahen so aus, als wollten sie am liebsten aussteigen und weglaufen – aber sie konnten nicht, weil die Türen gerade zugegangen waren.

Die verängstigten Mienen waren in diesem Moment aber zweitrangig, es ging um ein Menschenleben. Als ich beim Fahrer ankam, schleuderte ich meine Tasche an seine Tür. Endlich bemerkte er mich – er hob die Hände, wie wenn man sich ergibt. Ein wildgewordener Araber mit einem schwarzen Koffer – ich will gar nicht wissen, was der U-Bahn-Fahrer gedacht hat, als er die Fahrertür öffnete. Als ich ihm erklärte, was passiert war, seufzte er erleichtert und schaltete die Elektronik aus. Zurück am Unglücksort holte einer das Kind aus dem Spalt. Die Mutter weinte noch, aber jetzt vor Freude.

1 Fasse die beschriebenen Ereignisse kurz zusammen.

2 Diskutiert in der Gruppe, weshalb und wovor die Leute in der U-Bahn und der U-Bahn-Fahrer Angst haben. 3

3 Stelle dir vor, du sitzt in der U-Bahn, die Mohamad Alkhalaf erfolgreich gestoppt hat, und kommst mit ihm ins Gespräch, nachdem er wieder eingestiegen ist: Schreibe einen Dialog zwischen euch beiden.

Schrittfrequenz Anzahl der Schritte pro Minute

M3 Schubladendenken

Bettina Kumpe

4 Erzählt euch in der Gruppe, ob ihr auch schon aufgrund eures Aussehens in eine Schublade gesteckt wurdet, wenn ja, warum, und wie ihr darauf reagiert habt.

5 Diskutiert, welche Möglichkeiten es gibt, dem Schubladendenken und damit Vorurteilen entgegenzuwirken. 3

Toleranz lernen – (wie) geht das?

GRUNDWISSEN

Was bedeutet Toleranz?

Gesellschaft
> Glossar

„Toleranz" bedeutet das Dulden und Ertragen von Andersartigkeit. Und irgendwie „anders" sind in unserer Gesellschaft all diejenigen Menschen, die einer Minderheit angehören, also z. B. Behinderte, Homosexuelle oder eben auch Ausländerinnen und Ausländer. Tolerant zu sein kann aber nicht heißen, gleichgültig zu sein und alles, was anders ist, ohne persönliche Stellungnahme einfach zu ertragen. Und es gibt Grenzen der Toleranz. Deshalb muss man die folgenden beiden Unterscheidungen machen:

Akzeptanz
lat. *accipere* „gutheißen", „annehmen", „billigen"

1. Toleranz und Akzeptanz

Toleranz bedeutet Duldung und Gewährenlassen von fremden Merkmalen, Überzeugungen und Handlungsweisen, ohne diese zu bewerten. Akzeptanz hingegen bedeutet die Anerkennung und Wertschätzung von fremden Merkmalen, Überzeugungen und Handlungsweisen und stellt somit ein positives, zustimmendes Werturteil dar. Unser Ziel sollte sein, das Andere, Fremde nicht bloß zu dulden, sondern als Bereicherung wertzuschätzen.

Johann Wolfgang von Goethe
(1749-1832) einer der bedeutendsten deutschsprachigen Dichter

Schon Johann Wolfgang von Goethe sagte über die Toleranz:

„Toleranz sollte eigentlich nur eine vorübergehende Gesinnung sein: sie muss zur Anerkennung führen. Dulden heißt beleidigen."

Werte
> Glossar

2. Das Nur-Tolerierbare und das Nicht-mehr-Tolerierbare

Dennoch gibt es einiges, was aus Sicht unserer Werte nur toleriert und nicht akzeptiert werden kann. Bsp.: Ein türkischstämmiger Klassenkamerad findet den Präsidenten der Türkei, der in Deutschland sehr umstritten ist, richtig gut.

Vor allem gibt es aber vieles, was nicht mehr zu tolerieren ist und strikt verurteilt und verhindert werden muss. Bsp.: Zwei Klassenkameraden, der eine ist Kroate, der andere Serbe, verprügeln sich auf dem Schulplatz so sehr, dass beide ernsthaft verletzt sind.

Europäische Union (EU)
> Glossar

Was sind unsere Werte?

In einem Vertrag der Europäischen Union (EU) sind die europäischen Werte z. B. folgendermaßen umschrieben:

Pluralismus
Vielfalt von Interessen und Lebensweisen in einer Gesellschaft

Nichtdiskriminierung
Gleichbehandlung aller Menschen in einer Gesellschaft

Die Werte, auf die sich die Union gründet, sind die Achtung der Menschenwürde, Freiheit, Demokratie, Gleichheit, Rechtsstaatlichkeit und die Wahrung der Menschenrechte einschließlich der Rechte der Personen, die Minderheiten angehören. Diese Werte sind allen Mitgliedsstaaten in einer Gesellschaft gemeinsam, die sich durch Pluralismus, Nichtdiskriminierung, Toleranz, Gerechtigkeit, Solidarität und die Gleichheit von Frauen und Männern auszeichnet.

Artikel 2 des EU-Vertrags von Lissabon

M1 Wie tolerant bist du / seid ihr?

a. Ein Mitschüler erzählt dir, dass Mädchen nicht in die Realschule oder ins Gymnasium gehören, da sie später ja nur für die Familie da sein müssen.
b. Auf einer Parkbank knutschen zwei Mädchen miteinander.
c. Mitschüler beschimpfen einen jungen Mann, der in einem Rollstuhl sitzt, als Krüppel.
d. Deine ältere Schwester hört gerne deutsche Schlager.
e. Über Nacht hat jemand ein Hakenkreuz an die Schulhausmauer gesprayt.
f. Du hast eine türkische Mitschülerin, die jeden Tag mit Kopftuch zur Schule kommt.
g. Du hast einen Mitschüler aus China, der dir erzählt, dass er die deutsche Küche durchaus möge, aber dennoch lieber chinesische Gerichte esse.

Think ↓	Lies die Sätze durch und entscheide, ob du die geschilderten Situationen akzeptieren, tolerieren oder nicht tolerieren kannst. Trage die Buchstaben a bis g auf einer Linie ein, die von Akzeptanz über Toleranz bis keine Toleranz (von links nach rechts) reicht.
Pair ↓	Tauscht euch im Zweier-Team über die Antworten und deren Begründungen aus.
Share	Diskutiert in der Gruppe, in welchen Situationen und weshalb es euch schwerfällt, tolerant zu sein.

M2 Ein aktuelles Fallbeispiel zur Frage der Toleranz

Schweizer Schüler müssen ihren Lehrerinnen die Hand geben, auch wenn ihr Glaube das ihrer Meinung nach verbietet. „Das öffentliche Interesse bezüglich Gleichstellung von Mann und Frau sowie die Integration von Ausländern überwiegen die Glaubens- und Gewissensfreiheit (Religionsfreiheit) der Schüler erheblich", heißt es in der Mitteilung der Baselbieter Bildungs-, Kultur- und Sportdirektion (BKSD). […]
Anfang April [2016] hatten zwei Schüler einer Sekundarschule in Therwil im Kanton Baselland sich geweigert, einer Lehrerin die Hand zu geben. Sie begründeten das mit ihrem Glauben, der verbiete, Menschen des anderen Geschlechts zu berühren.
Einem größeren Umfeld wurde der Fall erst durch die Reaktion der Schulleitung bekannt. Diese legte fest, dass die Schüler ihren Lehrerinnen nicht mehr die Hand zu geben brauchen, bis die Sache von höherer Stelle entschieden sei. […]
Der Fall löste eine öffentliche Debatte aus, auch über die Landesgrenzen der Schweiz hinaus. Vertreter unterschiedlicher muslimischer Verbände meldeten sich zu Wort. Manche zeigten Verständnis für die Schüler, viele kritisierten die rigiden Vorstellungen. […]
Nach der Entscheidung der BKSD müssen Schüler mit Disziplinarmaßnahmen rechnen, wenn sie den Händedruck verweigern: mit einer Ermahnung etwa oder einem Verweis.

rigide
sehr streng

Sekundarschule
entspricht in etwa der Realschule

1 Teilt euch in zwei Parteien auf und führt eine Pro-und-Contra-Debatte zu der Frage: Müssen Schüler in der Schweiz und Deutschland ihren Lehrerinnen die Hand geben, auch wenn sie glauben, dass ihre Religion es ihnen verbietet? 3

Ich wiederhole mein Wissen

Das Fremde verstehen

Was einem fremd ist
> S. 60

„Fremd ist der Fremde nur in der Fremde". Dieses Zitat stammt von Karl Valentin, Schauspieler und Komiker, der von 1882 bis 1948 in München lebte. Und auf die Frage von Liesl Karlstadt, seiner Partnerin auf der Bühne, weshalb das so sei, fährt er fort: **„Weil der Fremde, der sich fremd fühlt, ein Fremder ist, und zwar so lange, bis er sich nicht mehr fremd fühlt, dann ist er kein Fremder mehr."**

Auch du hast dich bestimmt schon oft fremd gefühlt, und dir sind Menschen begegnet, die dir fremd waren, oder du bist mit Dingen in Berührung gekommen, die befremdlich waren.

Um das Fremde zu verstehen, muss man sich damit auseinandersetzen. Deshalb hast du gelernt und erfahren, dass das Fremde nur solange fremd ist, bis man es kennengelernt hat, seien das nun fremde, ungewohnte Speisen, sei das Musik, die in deinen Ohren vielleicht ungewohnt klingt, oder seien das fremde Sprachen und Schriften. Je mehr man sich mit dem sogenannten Fremden beschäftigt, umso vertrauter wird man damit.

Welche Reaktionen kann das Fremde hervorrufen?

Reaktionen auf das Fremde
> S. 62

Die Begegnung mit dem Fremden kann ganz unterschiedliche Gefühle und Reaktionen hervorrufen. Es können positive Gefühle sein wie Neugierde, Faszination, Zuneigung oder Wohlsein, aber auch negative wie Angst, Scheu, Abneigung oder Unwohlsein. Nicht selten empfinden Menschen in der Begegnung mit dem Fremden negative und positive Gefühle gleichzeitig; man spricht dann von einer Ambivalenz der Gefühle.

Du hast gelernt, diese Gefühle zu benennen und dadurch zu erkennen, weshalb du wie auf das Fremde reagierst.

Eine gar nicht so seltene Reaktion auf das Fremde ist Rassismus. In diesem Zusammenhang hast du gelernt, dass Rassismus sehr viel mit stereotypischen Zuordnungen und Vorurteilen zu tun hat und immer eine Wertung ist, mit der die eigene Gruppe auf- und die anderen, fremden Gruppen abgewertet werden.

Was das Eigene mit dem Fremden verbindet

Das Eigene und das Fremde – was sie miteinander verbindet
> S. 64

Bedürfnis
> Glossar

Es gibt Eigenschaften, Bedürfnisse und Wünsche, die bei allen Menschen gleich sind und somit alle Menschen miteinander verbinden. Eines dieser Bedürfnisse ist der Wunsch nach Geborgenheit und Heimat. In diesem Zusammenhang hast du dich mit dem Begriff der Heimat auseinandergesetzt und erfahren, dass Heimat ein sehr weiter Begriff ist und nur selten mit dem Ort, in dem man geboren ist, gleichgesetzt wird. Dennoch sind wir alle, und besonders auch die Flüchtlinge, ständig auf der Suche nach Heimat.

Was ebenfalls alle Menschen gemeinsam haben ist der Wunsch, glücklich zu sein und in Frieden leben zu können. Die UN-Kinderrechtskonvention versucht, diese universellen Bedürfnisse aller Kinder weltweit zu schützen. Gerade Flüchtlingskinder sind besonders auf einen solchen Schutz angewiesen.

Ursache und Wirkung von Vorurteilen

Gerade im Zusammenhang mit fremden Menschen und fremden Menschengruppen gibt es viele Vorurteile. Vorurteile sind vorgefasste Meinungen, die man aufgrund von äußeren Merkmalen oder anderen Eigenschaften von Menschen hat. Dieses Schubladendenken ist zwar recht praktisch, schafft es doch ziemlich einfach irgendeine (vermeintliche) Ordnung. Da jedoch jeder Mensch einzigartig ist, wird man mit Vorurteilen dem einzelnen Menschen niemals gerecht. Hinzu kommt, dass Vorurteile nicht selten negativer Art sind und Menschen geradezu abwerten. Du hast gelernt, wie sich Vorurteile abbauen lassen. Vorurteile entstehen oft durch Unwissenheit und die Annahme falscher Zusammenhänge. Deshalb hilft es, nicht vorschnell aufgrund von äußeren Merkmalen auf das Wesen des Menschen zu schließen, sondern immer zu versuchen, Menschen auch aus anderen Kulturkreisen kennenzulernen und sich so selbst eine Meinung bilden zu können.

Vorurteile und deren Ursachen > S. 66

Kultur > Glossar

Toleranz, Akzeptanz und was nicht zu tolerieren ist

Die westliche Welt, zu der Europa und damit auch Deutschland gehören, entwickelt sich immer mehr zu einer pluralistischen Gesellschaft, d. h. zu einer Gesellschaft, in der Menschen aus den verschiedensten Kulturen mit unterschiedlichen Religionen und Lebensstilen zusammentreffen und versuchen, in Frieden neben- und miteinander zu leben.
Damit dies gelingt, braucht es Toleranz, die vielleicht sogar zur Akzeptanz führt.
In diesem Zusammenhang hast du deine eigene Toleranz bzw. Akzeptanz auf die Probe gestellt und dabei gelernt, dass es auch eine Grenze der Toleranz gibt. Wenn Rassismus und Gewalt ins Spiel kommen, hört die Toleranz auf. Dann gilt es, Stellung zu beziehen und ein solches Verhalten oder entsprechende Äußerungen klar zu verurteilen.
Du hast aber auch erfahren, dass Werte der verschiedenen Kulturen aufeinanderprallen können und es dann recht schwierig ist, die Grenzen der Toleranz zu bestimmen. Grundsätzlich sollten jedoch die Menschen, die zu uns nach Deutschland kommen, die europäischen Werte, wie z. B. die Achtung der Menschenwürde oder die Gleichheit von Frauen und Männern, akzeptieren und sich diesen Werten gemäß verhalten.

Toleranz lernen – (wie) geht das? > Methodenkompetenz S. 68

Gesellschaft > Glossar

Werte > Glossar

Die Treppe, die zur Akzeptanz führt:

Ich wende mein Wissen kompetent an

In der Begegnung mit dem Fremden spielen Vorurteile oft eine große Rolle. Deshalb sollst du erkennen und verstehen, …

- was Vorurteile sind.
- welche Ursache und welche Wirkung Vorurteile haben.

M1 Das Vorurteil im Sprichwort

„Unwissenheit ist die Amme des Vorurteils."

„Der Aufbau einer eigenen Meinung geht Hand in Hand mit dem Abbau von Vorurteilen."

„Reisen ist tödlich für Vorurteile."

1 Wähle eines dieser Sprichwörter aus und erläutere, was es bedeutet.
2 Schreibe eine Geschichte, in der du von einem deiner Vorurteile berichtest. Erzähle, wie du es überwinden konntest und / oder welche Möglichkeiten du für dich siehst, es abzubauen.

Die Gefühle, die durch die Begegnung mit dem Fremden ausgelöst werden, sind sehr vielfältig und führen oft zu Vorurteilen – wenn nicht gar zu Rassismus. Deshalb sollst du überlegen und urteilen, …

- welche Wirkung Gefühle, die das Fremde in einem auslöst, haben können.
- ob du selbst Fremden gegenüber unvoreingenommen und damit vorurteilsfrei begegnest.
- welche Möglichkeiten es gibt, Vorurteile sowie rassistische Gefühle und Verhaltensweisen abzubauen.

M2 Wie mit Vorurteilen umzugehen ist

Burkhard Mohr / Baaske Cartoons, Müllheim

1 Benenne die Vorurteile, die der Gast gegenüber dem Angestellten des Fastfood-Restaurants hat.
2 Versetze dich in den Angestellten und beschreibe die Gefühle, die eine solche Frage eines Gastes auslösen kann.
3 Schreibe einen Dialog zwischen den beiden mit dem Ziel, dass die Vorurteile des Gastes abgebaut werden und sich der Angestellte nicht mehr diskriminiert fühlt.

Um in einer Welt, in der immer mehr Menschen aus verschiedenen Kulturen aufeinandertreffen, gut und friedlich miteinander leben zu können, muss man ethisch handeln und kommunizieren. Das tust du, indem du …

- mit der kulturellen und naturgegebenen Eigenart des Menschen respektvoll umgehst.
- kulturelle Vielfalt als Bereicherung empfinden, sie tolerieren und vielleicht sogar akzeptieren kannst, aber auch die Grenzen der Toleranz kennst.

M3 Was bedeutet Toleranz? Was ist Akzeptanz?

1 Der kleine Hund zitiert einen Satz, der von Theodor Fontane, einem deutschen Schriftsteller des 19. Jh., stammt. Erläutere diesen Satz. Beachte dabei, was du über den Unterschied zwischen Toleranz und Akzeptanz gelernt hast.

2 Stell dir vor, der große Hund sagt zum kleinen Hund: „Ich unterhalte mich nicht mit Fremden, und schon gar nicht mit Individuen deiner Rasse. Ihr alle stinkt und seid hinterhältig." Formuliere, weshalb dieses Verhalten nicht zu tolerieren ist.

Sich fremd fühlen und als fremd empfunden zu werden ist nicht immer einfach. Umso wichtiger ist es, dass du dich einfühlen und Anteil nehmen kannst. Das tust du, indem du …

- die eigenen, oft recht gegensätzlichen Gefühle in Situationen, in denen du dich selbst fremd fühlst, beschreiben und benennen kannst.
- Menschen aus anderen Kulturkreisen, die in deiner eigenen Lebenswelt auftauchen, tolerieren oder sogar wertschätzen kannst und ihre Probleme zu verstehen suchst.

Kultur
> Glossar

M4 Neue Nachbarn

In der Nachbarschaft von Lena (12) und Max (13) ist eine afrikanische Mutter mit zwei Kindern eingezogen. Sie haben gehört, dass es Flüchtlinge sind, wissen aber nicht, woher sie kommen und weshalb sie nach Deutschland geflohen sind. Sie sind etwas verunsichert, aber auch neugierig und wissen nicht so recht, wie sie mit den neuen Nachbarn in Kontakt kommen können. Lena und Max wollen ja auch nicht zu aufdringlich sein …

1 Gib Lena und Max Tipps, auf welche Weise sie Kontakt zu ihren neuen Nachbarn knüpfen können.

2 Informiert euch in der Gruppe, welche Möglichkeiten es in eurem Ort gibt, sich für Flüchtlinge zu engagieren. 5

Medien –
die Verbindung zur Welt

Smartphone
& Co.

Die dunkle Seite
der Medien

Umgangsformen
in sozialen
Netzwerken

Wie glaubwürdig
sind Medien?

Elektronische Medien im eigenen Leben

Medien nutzen – maßvoll und bewusst

Im Griff der Medien

Medien und ich

M1 Technik im Alltag

1 Benenne die Geräte, die auf den Fotos dargestellt sind.

2 Erkläre, wofür die Jugendlichen sie jeweils nutzen.

GRUNDWISSEN

Medien

Als Medium (lat. medium = Mitte, Mittelpunkt) bezeichnet man etwas, das die **Übermittlung von Informationen** zwischen einem Sender und einem Empfänger ermöglicht. Der Begriff wird als Sammelbegriff für alle Mittel und Verfahren zur Verbreitung von Daten, Bildern, Nachrichten usw. gebraucht. Bei Medien, die wie Internet oder Smartphone auf der modernen Technik basieren, spricht man von **digitalen** (auch: neuen oder elektronischen) **Medien**, im Gegensatz zu **analogen** Medien (z. B. Buch, Zeitung).

3 Benenne Medien, die du in deinem Alltag nutzt. Gib an, ob es sich um digitale oder analoge Medien handelt.

4 Ordne diese Medien nach der Wichtigkeit, die sie für dich haben, und begründe deine Anordnung. Stelle anschließend in einer Tabelle die Vor- und Nachteile zusammen.

Ein Protokoll über die Mediennutzung führen

Eine Möglichkeit, dir deine Mediennutzung bewusst zu machen, ist das Führen eines Protokolls. Lege für das Protokoll eine Tabelle mit fünf Spalten (Uhrzeit, Medium, Zweck, Dauer, Ort) an und führe es eine Woche lang möglichst gewissenhaft.

M2 Schockmeldung: Smartphone vergessen!

Mal ehrlich, Hand aufs Herz: Wie schlimm wäre es für dich, morgens auf dem Weg in die Schule festzustellen, dass du dein Smartphone zu Hause vergessen hast? Auf einer Skala von 1 bis 10, wie hoch wäre dein Stresslevel? Was kannst du nicht machen? Welche Gedanken gehen dir durch den Kopf? Ob wohl ausgerechnet heute ein Notfall passiert? Ob dich jemand anrufen muss? Oder musst du ganz dringend jemanden erreichen? Welche Nachrichten oder Neuigkeiten entgehen dir? Welches Spiel kannst du nicht mehr spielen? Welche App fehlt dir am meisten? Oder ist das alles gar nicht so wild? Wie ist es denn nun ohne Handy oder Smartphone? Horrorszenario oder nicht?

Szenario
hier: Vorstellung, ausgedachtes Ereignis

5 Arbeite aus dem Text mögliche Befürchtungen von Jugendlichen heraus, die einen Tag ohne Handy oder Smartphone auskommen müssen.
6 Erkläre, was für dich ein Tag ohne Handy bedeutet.

M3 Im Gespräch?

7 Notiere, was dir spontan zu dem Bild einfällt. Vergleicht eure Ergebnisse.
8 Diskutiert die Frage, ob es Situationen gibt, in denen Smartphones stören. 3

METHODE

Kriterien des Zuträglichen

Um kritisch zu hinterfragen, welchen Stellenwert und welche Bedeutung elektronische Medien für dich haben, kannst du sogenannte Kriterien des Zuträglichen nutzen. Anhand dieser stellst du fest, wie zuträglich dein Verhalten für dich ist, also wie gut es dir tut. Folgende Fragen können dir dabei helfen:

- Wie hoch ist die Qualität einer guten Unterhaltung im Vergleich zu einem Chat?
- Wie stark bin ich durch mein elektronisches Medium erreichbar?
- Wieviel Zeit investiere ich in die Nutzung der Medien?
- Inwiefern schränkt die Mediennutzung andere Tätigkeiten ein?
- Sorgen die Medien für Einschränkungen meiner Gesundheit (z. B. Schlafstörungen)?

9 Notiere, wie oft und wofür du an einem Tag dein Smartphone nutzt und hinterfrage deinen Smartphonegebrauch anhand der Kriterien des Zuträglichen.

Nutzen der elektronischen Medien

M1 Mit dem Handy mitten im Leben

Jens und Victor sind beste Freunde und schreiben sich oft Nachrichten.

Jens: hey, victor, wie geht's? kann nicht schlafen. du auch nicht?

Victor: gucke grade einen witzigen film [...]. was gibt's?

Jens: stress mit meiner mutter >:-< nervt mich dauernd, will mich ausquetschen: schule, freunde, was ich mache ... kennst du ja!

Victor: kenn ich? meine mutter hat diese fragerei erfunden! Jeden tag die gleiche nummer ... ich sag aber nix!

Victor: hey, bist ja schon wach – schreiben wir heute mathe?

Victor: wo steckst du?

Jens: keine Panik. heut ist tempel-tag.

Victor: hä?

Jens: na, wir gehen in die kirche, die ganze schule, der weihbischof kommt. nee, quatsch, wir machen doch nen klassenausflug ins alte land ... schonfrist für mathe ...

Victor: sehr gut! du musst mir helfen bei mathe ...

1 Erläutere, inwiefern das Handy für die beiden Jungs von Vorteil ist.

2 Erzähle eine eigene Geschichte, in der dir ein elektronisches Medium auf ähnliche Art einmal geholfen hat.

M2 Vom Sofa in die ganze Welt

Alex macht es sich vor dem Abendessen kurz auf dem Sofa gemütlich und begibt sich auf Weltreise:

18.13 Uhr: Kurzer Video-Chat mit meiner Schwester Lucie, die ein Austauschjahr in Spanien verbringt.

18.17 Uhr: Meinem Grundschulfreund Marek, der seit einem Jahr wieder in Polen lebt, schicke ich mein Skater-Video von heute Nachmittag.

18.18 Uhr: Wer hat beim Tennis-Turnier in Australien gewonnen?

18.20 Uhr: Wie ist das Wetter in Kroatien? Da fahren wir in vier Wochen hin!

18.21 Uhr: In einem chinesischen Zoo sind Panda-Zwillinge geboren – die will ich sehen.

18.24 Uhr: Cem hat Geburtstag – was heißt „Alles Gute" auf Türkisch?

18.25 Uhr: Gerade kommt die Meldung, dass es in Italien ein schweres Erdbeben gegeben hat – wie sieht es da jetzt aus? Und wo genau ist das überhaupt?

3 Arbeite heraus, welche Anwendungen Alex wozu nutzt.

4 Stelle in einer Liste zusammen, welche Vorteile die elektronischen Medien für Alex haben.

M3 Eine Lebenshilfe?

Bei einer Studie, in der sie Flüchtlinge zu ihrer Mediennutzung befragten, kamen die Wissenschaftler der Universität Vechta zu folgendem Ergebnis:

Für die Jugendlichen stehen die Kommunikation mit der Familie, das Erlernen der deutschen Sprache, der Austausch mit Gleichaltrigen und die Information über Nachrichten im Vordergrund. Ein Beleg dafür liefert ein Blick auf den Handy-Bildschirm eines 17-jährigen pakistanischen Jungen, der seit zehn Monaten in Deutschland lebt. Neben Apps wie WhatsApp und Skype finden sich dort vor allem Lern-Apps: Übersetzungsprogramme, deutsche Grammatik, deutsche Verben, Vokabeltrainer und sogar eine App zum Einbürgerungstest. [...] Natürlich – auch das wurde in den Interviews klar – nutzen auch Flüchtlinge das Internet zur Zerstreuung. Sie schauen Videos auf YouTube, teilen und „liken" auf Facebook, hören Musik. Der Draht in die Heimat aber, der ist das Wichtigste: Trost suchen, Kraft tanken, sich Mut machen.

5 Erkläre, welche Vorteile der Medien die Flüchtlinge nutzen.

6 Vergleiche deinen Handygebrauch mit dem der Flüchtlinge.

M4 Elektronische Medien machen Spaß

Bettina Kumpe

7 Stelle zusammen, für welche Aktivitäten du dein Smartphone durch die verschiedenen Apps nutzen kannst.

8 Bildet Zweiergruppen und erstellt ein Lapbook, das Informationen über die jeweiligen Funktionen der Apps enthält. Legt auch dar, welche Art von Informationen man erhalten kann und wie man dadurch unterhalten wird. 6

9 Vergleicht in Gruppen die Vorteile weiterer elektronischer Medien, die ihr nutzt, untereinander. Beziehe dein Wissen über Medien aus dem Fach Deutsch mit ein.

Knobelaufgabe

Diskutiert in der Gruppe, welche möglichen Vorteile Augmented Reality und Virtual Reality in Zukunft haben können. 3

Augmented Reality
> Glossar

Virtual Reality
> Glossar

Zu Risiken und Nebenwirkungen fragen Sie …

M1 Wenn du andere vernachlässigst

Anna erzählt von ihrem Urlaub in Venedig.

Wir aßen wie üblich im Restaurant neben dem Hotel zu Abend. Mama meinte, in ganz Venedig gebe es keine bessere Pasta. Mir persönlich gefiel das Restaurant schon deshalb, weil es in Reichweite vom WLAN-Anschluss des Hotels lag und ich zwischen Antipasti und Hauptgang im Internet surfen konnte. „Weißt du, manchmal könntest du etwas mehr Interesse zeigen, wenn dein Vater von seiner Arbeit erzählt", sagte Mama, als Papa nach der Vorspeise kurz zum Telefonieren hinausging. „Sein Beruf ist für ihn sehr wichtig!" „Aber ich zeige doch Interesse", behauptete ich. „Ich höre immer zu!" „Und spielst dabei unterm Tisch mit deinem Handy herum."

Antipasto (Plural: Antipasti) italienische Bezeichnung für Vorspeise

Rollenspiel > Methoden

wertschätzendes Feedback > Methoden

1 Benenne den Grund, weshalb die Mutter verärgert ist.
2 Vergleiche die Handynutzung von Anna und ihrem Vater.
3 Erzähle davon, falls du ähnliche Situationen auch schon erlebt hast.
4 Erstellt in Gruppen jeweils ein Rollenspiel zum Thema „Handy-Diskussionen in der Familie". Beachtet dabei die Regeln des wertschätzenden Feedbacks.

M2 Die Sucht nach digitalen Medien

Nach Hause, dachte Nick. Gegner verprügeln, bis die Festplatte brennt. Nur dass noch zwei Stunden Nachmittagsunterricht auf ihn warteten. Ob er sich da nicht drücken konnte? Ihm schwindelte bei dem Gedanken, welchen Vorsprung sich die Leute erarbeiteten, die heute in der Schule fehlten. Doch wenn er jetzt durchhielt, konnte er sich vielleicht morgen einen Tag Pseudokrankheit leisten. Nein, verdammt, morgen musste er die Chemiearbeit abgeben. […]

Online gaming ist für Nick längst nicht mehr reine Freizeitbeschäftigung. Sobald er ins Spiel eintaucht, fühlt er sich wie in einer anderen Welt:

Mit jedem neuen Tag verliert meine Realität an Wert. Sie ist laut und ohne Ordnung, unvorhersehbar und mühevoll. Was kann sie denn, die Realität? Hungrig machen, durstig, unzufrieden. […] Ich entziehe der Realität meine Zustimmung. Ich verweigere ihr meine Mithilfe. Ich verschreibe mich den Verlockungen der Weltenflucht und stürze mich mit ganzem Herzen in die Unendlichkeit des Irrealen.

5 Benenne Nicks Gefühle.
6 Erläutere, warum sich Nick der Realität entzieht und welche Vorteile das Irreale für ihn hat.
7 Diskutiert, welche Nachteile für Nick durch sein Verhalten entstehen könnten. 3

GRUNDWISSEN

Mediennutzung gestalten

Medien gehören fest zu unserem Alltag. Neben vielen Vorteilen ist ihre Nutzung auch mit Risiken verbunden, die man kennen sollte, um Medien **bewusst** und **maßvoll** zu nutzen.

1. Die eigene Mediennutzung sollte realistisch eingeschätzt werden. Hierbei sind die Kriterien des Zuträglichen (S. 77) hilfreich. Wenn der digitale Stress zu viel wird,
- kann die Nutzung der Medien bewusst begrenzt werden (z. B. ein Tag pro Woche ohne Smartphone).
- können Alternativen entwickelt werden (z. B. ein Treffen statt eines Chats).

2. Medien sollen kritisch genutzt werden. Hierbei helfen folgende Fragen:
- Bestätigen mehrere Quellen die gewonnenen Informationen?
- Was ist die Intention der Quellen: Handelt es sich z. B. um ein Wissensportal oder die Website des Herstellers von einem Produkt?
- Versucht die Seite, meine Meinung z. B. durch direkte Werbung oder Nennung von bestimmten Marken zu beeinflussen?

Alternative
eine andere Lösung, Möglichkeit

Intention
Absicht

8 Werte dein Protokoll über die Mediennutzung (S. 76) anhand des Grundwissens aus.

9 Überlege, auch mithilfe deines Wissens aus dem Fach Deutsch, was du vielleicht an deinem Verhalten ändern könntest, um deine Mediennutzung bewusster zu gestalten.

M3 Täuschend echt

Mike Lieser betreibt eine Internet-Seite, auf der man Fake News erstellen kann. In einem Interview erklärt er, wie das geht: „Du gibst eine Headline ein und einen Text, wählst ein fiktives Online-Portal aus, zum Beispiel www.koelner-abendblatt.de – und bekommst einen Link und eine Seite, die ziemlich echt aussieht. […] Die meisten Leute nutzen unsere Seite, um lustige Meldungen zu bauen, mit denen sie jemanden reinlegen wollen. […]" In bestimmten Fällen, „wenn es entweder strafrechtlich relevant ist oder über den Tag hinaus Leuten weh tun könnte", greift Lieser ein: „‚Mario Barth ist tot' war auf anderen Plattformen zu lesen. Sowas möchten wir nicht. Es ging uns ja ursprünglich darum zu zeigen, wie einfach Fake-News zu produzieren sind. Wir wollen niemandem schaden damit […]."

Fake News
absichtlich veröffentlichte Falschmeldungen, die sich im Internet, insbesondere in sozialen Medien verbreiten

10 Nimm Stellung dazu, ob du das Erstellen von Fake News als harmlos oder als gefährlich einschätzt.

strafrechtlich relevant
als strafrechtlich relevant wird eine Handlung bezeichnet, für die nach dem gültigen Recht eine Strafe vorgesehen ist

Einen Handzettel erstellen

Bildet Zweiergruppen und erstellt einen Handzettel zum Thema „Unsere elektronische Welt kritisch nutzen". Sammelt Beispiele zu den Punkten „versteckte Werbung auf YouTube", „Fake News in den sozialen Medien" und „die am besten gestalteten Videos im Netz".

Elektronische Medien rechtlich betrachtet

M1 Aus einem Klassen-Chat

Thomas: Wie fandet ihr Mathe heute?

Tim: Ey, das war voll schlimm. Was war denn das für 'ne Arbeit??? Der ist echt der absolute Arsch!

Tom: Das wird wieder eine 6, ich schwör's, den bring ich um!

Susi: Lass' mal, der war bestimmt wieder betrunken, ich hab' gehört, dass der gar nicht mehr ohne kann.

Kim: Echt? Ich habe gerade voll das coole Bild von meiner Arbeit gepostet – mit dem Kommentar „Die Arbeit meines Mathelehrers – dabei hat er nicht einmal einen Abschluss in Mathe!" Das mit dem Alk muss ich noch hinzufügen.

1 Beschreibe die Reaktionen der Schüler. Findest du sie nachvollziehbar?

2 Stell dir vor, du bist der Lehrer. Beschreibe deine Gefühle und wie du reagieren würdest.

M2 Respektloses Verhalten im Internet ist strafbar

Andere Menschen zu beleidigen, ist eine Straftat. Selbst wenn in Foren harte Ausdrücke an der Tagesordnung sind, gelten z. B. Wörter wie „Schlampe" schon lange auch in Chat-Foren als strafbar. Das Strafgesetzbuch regelt, wie mit Beleidigungsdelikten umzugehen ist:

§ 185 Beleidigung

Die Beleidigung wird mit Freiheitsstrafe bis zu einem Jahr oder mit Geldstrafe und, wenn die Beleidigung mittels einer Tätlichkeit begangen wird, mit Freiheitsstrafe bis zu zwei Jahren oder mit Geldstrafe bestraft.

Tätlichkeit körperliche Auseinandersetzung

§ 186 Üble Nachrede

Wer in Beziehung auf einen anderen eine Tatsache behauptet oder verbreitet, welche denselben verächtlich zu machen oder in der öffentlichen Meinung herabzuwürdigen geeignet ist, wird, wenn nicht diese Tatsache erweislich wahr ist, mit Freiheitsstrafe bis zu einem Jahr oder mit Geldstrafe und, wenn die Tat öffentlich oder durch Verbreiten von Schriften (§ 11 Abs. 3) begangen ist, mit Freiheitsstrafe bis zu zwei Jahren oder mit Geldstrafe bestraft.

verächtlich machen jemanden als verachtenswert hinstellen

§ 187 Verleumdung

Wer wider besseres Wissen in Beziehung auf einen anderen eine unwahre Tatsache behauptet oder verbreitet, welche denselben verächtlich zu machen oder in der öffentlichen Meinung herabzuwürdigen […] geeignet ist, wird mit Freiheitsstrafe bis zu zwei Jahren oder mit Geldstrafe und, wenn die Tat öffentlich, in einer Versammlung oder durch Verbreiten von Schriften begangen ist, mit Freiheitsstrafe bis zu fünf Jahren oder mit Geldstrafe bestraft.

§ 241 Bedrohung

(1) Wer einen Menschen mit der Begehung eines gegen ihn oder eine ihm nahestehen-

de Person gerichteten Verbrechens bedroht, wird mit Freiheitsstrafe bis zu einem Jahr oder mit Geldstrafe bestraft.
(2) Ebenso wird bestraft, wer wider besseres Wissen einem Menschen vortäuscht, dass die Verwirklichung eines gegen ihn oder eine ihm nahestehende Person gerichteten Verbrechens bevorstehe.

3 Erstelle eine Tabelle und ordne einzelne Aussagen aus dem Chat den beschriebenen Straftaten zu.

4 Erarbeitet ein Rollenspiel, in dem Thomas als Klassensprecher ein Gespräch mit dem Mathematiklehrer führt und ihm die Schwierigkeiten bei der Klausur schildert. Achtet dabei auf Ich-Botschaften.

Rollenspiel
> Methoden

Ich-Botschaften
> Methoden

GRUNDWISSEN

Persönlichkeitsrechte

Als Persönlichkeitsrechte werden Rechte bezeichnet, die die Privatsphäre der Menschen schützen. Dazu gehört das Recht am eigenen Bild. Dieses besagt, dass die abgebildeten Personen um Erlaubnis gefragt werden müssen, bevor Fotos von ihnen online gestellt werden dürfen. Nur in wenigen Ausnahmen kann es ohne Zustimmung erlaubt sein, Personenabbildungen zu veröffentlichen. Beispielsweise, wenn es sich um bestimmte Bilder von Politikern oder Stars handelt. Oder wenn das Bild eine größere Menschenmenge wie auf einem Rockkonzert, einer Demonstration […] zeigt.

M3 Fotos im Internet

5 Diskutiert, ob die beiden Bilder ohne Bedenken im Netz veröffentlicht werden können. 3

Was tun bei Cybermobbing?

GRUNDWISSEN

Respekt als Voraussetzung für das soziale Miteinander

Das Wort „Respekt" geht auf das lateinische Verb *respicere* zurück, das „zurücksehen auf" oder „nochmals hinsehen" bedeutet. Wenn du jemanden respektierst, dann beachtest du demnach diese Person, du bist ihr gegenüber aufmerksam und versuchst sie zu verstehen und in ihrer Bedeutung und ihrem Wert zu begreifen. Und du handelst und kommunizierst mit dieser Person so, dass sie das Gefühl hat, in ihrer Bedeutung und ihrem Wert anerkannt und ernstgenommen zu werden.

Jeder Mensch hat einen Zweck in sich und damit Wert an sich und verdient deshalb Respekt. Respekt setzt die Einsicht voraus, dass alle Menschen prinzipiell gleichwertig sind.

Was ist Netiquette? – Vom respektvollen Umgang im Internet

Wenn sich alle Menschen, die im Netz miteinander kommunizieren, respektvoll verhalten würden, könnte Cybermobbing gar nicht erst entstehen. Ein respektvoller Umgang miteinander stellt dann auch die wichtigste Maßnahme der Prävention dar. Was bedeutet nun aber, im Internet respektvoll miteinander umzugehen, ganz konkret? Zuerst ganz im wörtlichen Sinn:

- Bevor du eine Nachricht oder ein Bild abschickst, sieh nochmals genau hin, überdenke und korrigiere allenfalls, was du geschrieben und gepostet hast.
- Beachte, welche Konsequenzen deine schriftliche Nachricht in erster Linie für die Person, die die Nachricht erhält, aber auch für dich haben könnte.

Zu den verbindlichen ethischen Regeln der Netiquette, die in vielen Dokumenten von Netzgemeinschaften formuliert sind, gehören:

- Beachte, dass bei der schriftlichen Kommunikation nonverbale Signale, also Gestik und Mimik, fehlen. Deshalb formuliere eindeutig und unmissverständlich. Emoticons wie ☺☹😐 können dir helfen, um auszudrücken, wie du etwas meinst und wie du dich fühlst.
- Unhöfliche Formulierungen, Beleidigungen und Bloßstellungen haben keinen Platz.
- Und: Vergiss niemals, dass auf der anderen Seite ein Mensch sitzt!

Netiquette
> Glossar

Cybermobbing
absichtliche Beleidigung, Bedrohung, Bloßstellung und Belästigung mithilfe elektronischer Kommunikationsmittel, wobei sich viele (englisch *mob*, „Bande", „Pöbel") gegen einen verbünden

Prävention
lat. *praevenire* „zuvorkommen", „verhüten"; Maßnahme, um unerwünschte Zustände abzuwenden

Gemeinschaft
> Glossar

1 Formuliere drei kurze Sätze, in denen du deinen persönlichen Beitrag zu einem respektvollen Zusammenleben – vorerst ganz generell – zum Ausdruck bringst. Bsp.: Ich nehme dich so an, wie du bist, weil du als Mensch wertvoll bist.

2 Bildet Zweier-Teams und erstellt eine Infobroschüre über die Bedeutung der wichtigsten Emoticons.

3 Stellt in der Gruppe eine „étiquette" (siehe Glossareintrag zu Netiquette) zusammen mit dem Titel: Unsere Benimmregeln im Netz, und heftet sie an die Wand. Berücksichtigt dabei Erfahrungen, die ihr vielleicht selbst mit Cybermobbing gemacht habt.

M1 Wie du dich selbst aktiv vor Cybermobbing schützen kannst

4 Beschreibe das Bild und bestimme, worauf es hinweisen möchte.

5 Erstelle eine Liste mit dem Titel: *So schütze ich mich vor Cybermobbing*
Bsp.:
1. Meine Mobil-Nummer kennen nur meine Familie und ein paar Freundinnen und Freunde, die ich im realen Leben gut kenne.
2. …

Quizduell
sehr populäre Spiele-App, mit dem zwei Mitspieler gegeneinander antreten, um Fragen aus Bereichen des Allgemeinwissens zu beantworten und miteinander zu chatten

M2 Fall von Cybermobbing

6 Schreibe eine Geschichte zu diesem Foto, indem du folgende Fragen berücksichtigst: Was denken und fühlen die abgebildeten Personen? Wie ist es zu dieser Situation gekommen? Was könnte in der Vorgeschichte passiert sein? Und wie könnte die Situation in wenigen Minuten, am nächsten Tag und in einer Woche aussehen? Lest euch die Geschichten vor und diskutiert darüber.

Wie man sich bei Cybermobbing zur Wehr setzen kann

- *Ignoriere Angriffe erst einmal und lass dich nicht zu einer Antwort provozieren. Damit wird es für den Angreifer oftmals schnell langweilig.*
- *Zieh dich aber nicht zurück, sondern sprich über solche Attacken und negative Erlebnisse mit deinen Eltern oder mit einer Lehrerin / einem Lehrer. Sie überlegen sich dann mit dir, welche Schritte hilfreich sind. In schweren Fällen ist es sinnvoll, sich an die Polizei zu wenden und Anzeige zu erstatten.*
- *Sichere Beweise. Speichere beleidigende und bloßstellende Bilder und Texte und mache eventuell Screenshots davon.*

Erstellt ein Erklärvideo zum Thema „Respekt – Wir geben Cybermobbing keine Chance“

Dreht mithilfe des Grundwissens auf dieser Seite, der selbst erarbeiteten Materialien und eventuell weiterer Informationen aus dem Internet ein ca. drei- bis fünfminütiges Erklärvideo.

Ich wiederhole mein Wissen

Umgang mit Medien

Medien und ich
> S. 76

Neue Medien haben eine große Rolle im Alltag jedes Einzelnen eingenommen. Jeder hat dabei andere **Vorlieben**: Der eine nutzt eine Spielkonsole, der andere surft mit dem Smartphone oder Tablet im Netz, der letzte setzt sich zur Recherche für die Schule an den Computer. Wichtig ist es dabei, sich nicht nur die **Gründe für die Bevorzugung** der Mediennutzung, sondern vor allem auch die **Gewohnheiten** vor Augen zu führen, denn oftmals nutzt man die digitalen Medien länger oder intensiver, als einem selbst bewusst ist. Eine Methode, um seinen Umgang mit Medien zu überprüfen, ist das Führen eines Medienprotokolls, in dem man seine Mediennutzung genau aufzeichnet. Eine weitere Möglichkeit sind die **Kriterien des Zuträglichen**, die die Qualität deines Medienkonsums hinterfragen:

Wie oft bin ich durch mein Medium erreichbar?

Schränke ich deshalb andere Tätigkeiten ein?

Zu welchen Tageszeiten greife ich darauf zu?

Beeinflusst mein Medienkonsum meine körperliche Gesundheit oder den Umgang mit anderen Menschen?

Wie hoch ist die Qualität einer Unterhaltung über mein Medium?

Wie oft nutze ich das Medium?

Positive Seiten der Medien

Nutzen der elektronischen Medien
> S. 78

Die digitalen Medien bieten unzählige **Vorteile** für das moderne Leben: Man steht im ständigen Kontakt mit seinen Freunden und kann sich über Probleme austauschen. Man hat Zugang zu allen Informationen, die man sich nur wünschen kann, was es ermöglicht, sich auf eine „digitale Weltreise" zu begeben. Die Nutzung von Social Media bringt eine Bandbreite an Beschäftigungsmöglichkeiten: Ob man Bilder bei Instagram durchsieht, Koch- und Tiervideos auf Facebook schaut oder die neuesten Vlogs von YouTubern verfolgt – jeder findet etwas, das ihm Spaß macht.

Ein konkreter Fall vom Nutzen der digitalen Medien zeigt sich in der Flüchtlingskrise: Über das Smartphone lernen Flüchtlinge Deutsch oder bleiben mit ihren Verwandten in anderen Ländern in Kontakt.

Negative Seiten der Medien

Problematisch kann der Umgang mit Medien werden, wenn man sich nur noch mit ihnen auseinandersetzt und alles andere vergisst. Fälle von Jugendlichen, die sich von ihrer Realität abkapseln und viel zu viel Zeit am PC in Onlinegames u. a. verbringen, sind nur ein Beispiel für ungesunden Medienkonsum. Ein weiteres **Risiko** bei der Mediennutzung ist die versteckte **Manipulation**, bei der Menschen zum Kauf von Produkten angeregt werden oder falsche Informationen (sogenannte Fake News) verbreitet werden sollen. Um solche Einflüsse aufzudecken, muss jeder Einzelne stets hinterfragen, für wie glaubwürdig man Fakten einschätzt und welches Interesse hinter bestimmten Aussagen stehen könnte.
Seine Mediennutzung bewusst zu gestalten, hilft oft dabei, sich bei einem ungesunden Umgang stärker einzuschränken und wieder auf die wichtigen Dinge zu konzentrieren, bzw. Manipulation gezielt aufzudecken.

Zu Risiken und Nebenwirkungen fragen Sie ...
> S. 80

Digitaler Umgang miteinander

Nur, weil wir uns beim Chatten nicht in die Augen sehen können, heißt das nicht, dass wir alle Höflichkeitsregeln über Bord werfen dürfen. Die **Persönlichkeitsrechte** jedes Einzelnen müssen gewahrt bleiben, das heißt beispielsweise, dass man keine Informationen oder Fotos über private (also nicht öffentliche) Personen im Internet frei veröffentlichen darf, ohne dass die betroffene Person zuvor zustimmen konnte. Vielen ist gar nicht bewusst, dass sie auch als User im Internet Gesetze zum Umgang mit anderen Menschen einhalten müssen. Folgende Delikte werden auch im Netz geahndet:

- Beleidigung
- Üble Nachrede
- Verleumdung
- Bedrohung

Wenn es doch einmal dazu kommt, dass man selbst zum **Mobbingopfer** im Internet wird, gibt es mehrere Möglichkeiten, um sich dagegen zu wehren:

1. Lass dich nicht provozieren und reagiere erst gar nicht auf gemeine Kommentare.
2. Besprich die Onlineattacken mit Menschen, denen du vertrauen kannst.
3. Speichere Chats oder mache Screenshots von Kommentaren, um Beweise zu sichern.

Besser wäre es aber natürlich, sich von Anfang an vor Mobbing zu schützen. Dafür ist es wichtig, dass du nur die Informationen über dich preisgibst, die keinen Anlass zur Schikane bieten, und Fotos nur sparsam oder überhaupt nicht im Netz veröffentlichst.

Elektronische Medien rechtlich betrachtet
> S. 82

Was tun bei Cybermobbing?
> Methodenkompetenz S. 84

Ich wende mein Wissen kompetent an

Handys, Internet und soziale Medien sind ein fester Bestandteil unseres Lebens. Damit du sie bewusst nutzt, solltest du erkennen und verstehen, ...

- wie nützlich elektronische Medien sind.
- welche Gefahren es beim Nutzen dieser Technik gibt.
- wie wichtig ein überlegter und maßvoller Medienkonsum ist.

M1 Elektronische Medien im Alltag

1 Beschreibe das Bild und erkläre, wie elektronische Medien in diesem Fall hilfreich sein können.
2 Bildet Zweiergruppen und nennt mögliche andere Alltagssituationen, in denen ein elektronisches Medium nützlich ist.
3 Erstelle eine Liste mit Ratschlägen, die du deinen jüngeren Geschwistern geben würdest, damit sie das erste eigene Handy maßvoll nutzen.

Elektronische Medien beeinflussen unser Leben stark. Damit sich die Mediennutzung nicht negativ auswirkt, solltest du überlegen und urteilen, ...

- warum du bestimmte Medien gerne und häufig nutzt.
- welche Informationen aus dem Internet für dich wichtig und richtig sind.
- wie bedeutend elektronische Medien für dich sind.

M2 Meine elektronischen Medien und ich

1 Beschreibe das Bild und bewerte, wie der Junge mit Medien umgeht.
2 Gib dem Jungen Ratschläge, was er an seiner Mediennutzung ändern könnte.
3 Erläutere, wie der Junge die Nachrichten kritisch überprüfen kann.

Sprachnachrichten gehören zum Alltag. Um niemandem damit zu verletzen, solltest du ethisch handeln und kommunizieren, ...

- indem du deinem Gesprächspartner im Netz mit Respekt begegnest.
- indem du dir deiner Verantwortung im Umgang mit Medien bewusst bist.

M3 Respekt ist gefragt

1 Benenne die Gefühle von Aicha und Susanne und beurteile, ob sie rücksichtsvoll kommuniziert haben.
2 Schreibe die letzten zwei Nachrichten um, indem du die Regeln der Netiquette befolgst.
3 Erstellt in Zweiergruppen eine Gebrauchsanweisung für verantwortungsbewusste und rücksichtsvolle Unterhaltungen mittels digitaler Medien.

Unverantwortliche Nutzung der Medien kann verletzend sein, daher solltest du dich einfühlen und Anteil nehmen, ...

- indem du die Folgen deines Verhaltens im Netz für andere berücksichtigst.
- indem du Verständnis für Menschen, deren persönliche Rechte durch digitale Medien verletzt wurden, aufbringst.

M4 Alle gegen einen

1 Versetze dich in den Jungen und beschreibe seine Gefühle.
2 Stell dir vor, du könntest dich mit dem Jungen unterhalten. Schreibe einen Dialog, in dem du ihm Tipps gibst, wie er mit der Situation umgehen sollte.

Symbole

Glaube an den
einen Gott

Heilige Schriften

Judentum, Christentum und Islam

zentrale Persönlichkeiten

Gotteshäuser

Stammvater Abraham

Abraham – Stammvater verschiedener Völker

M1 Eine Familie – drei Religionen – viele Völker

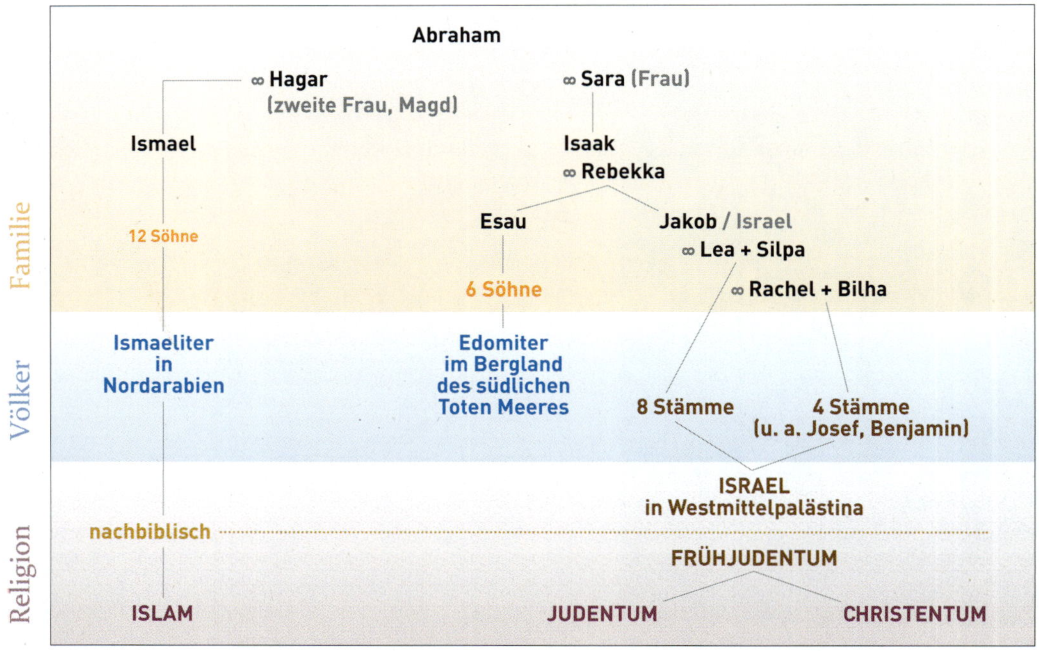

1 Beschreibe das Schaubild und arbeite heraus, welche Namen dir bekannt sind.

2 Erklärt euch das Schaubild gegenseitig im Hinblick auf die Entwicklung der drei Religionen.

3 Diskutiert darüber, welche Bedeutung die Abstammung von Abraham für das heutige Miteinander der drei Religionen Judentum, Christentum und Islam haben könnte. Überlegt dabei, welche Chancen, aber auch welche Herausforderungen es geben könnte, wenn sich die drei Religionen auf Abraham als ihren Stammvater beziehen. 3

Judentum > Glossar

Christentum > Glossar

Islam > Glossar

M2 Der Bund Gottes mit Abraham

Das Judentum ist schon fast 4000 Jahre alt und damit eine der ältesten Weltreligionen. Die Juden glauben, dass jeder Einzelne eingebunden ist in die gemeinsame Geschichte Gottes mit seinem Volk Israel. Die Juden leiten ihre Abstammung von einem Nomadenvolk ab, das in früher Zeit Hebräer und dann Israeliten genannt wurde und in der Region lebte, die wir heute als Nahen Osten bezeichnen. Abraham gilt als der erste Jude.

Daher beginnt auch die gemeinsame Geschichte Gottes mit seinem Volk Israel beim Versprechen Gottes an Abraham:

„Und der HERR sprach zu Abram:
Geh aus deinem Vaterland und von deiner Verwandtschaft und aus deines
Vaters Hause in ein Land, das ich dir zeigen will. Und ich will dich
zum großen Volk machen und will dich segnen und dir einen
großen Namen machen, und du sollst ein Segen sein.
Ich will segnen, die dich segnen, und verfluchen, die dich verfluchen;
und in dir sollen gesegnet werden alle Geschlechter auf Erden.
Da zog Abram aus, wie der Herr zu ihm gesagt hatte. [...]“

(Genesis 12, 1-4a)

Abram
alte Form für Abraham

Laut der Überlieferung bittet Gott Abraham dann eines Nachts den Sternenhimmel lange und intensiv zu betrachten:

„Er führte ihn hinaus und sprach:
Sieh doch zum Himmel hinauf und zähl die Sterne,
wenn du sie zählen kannst. [...]
Und er sprach zu ihm:
So zahlreich werden deine Nachkommen sein.“

(Genesis 15, 5)

Gott bekräftigt diesen Bund dann, indem er zu Abraham sagt:

„Ich will einen Bund stiften zwischen mir und dir
und dich sehr zahlreich machen. [...] Ich schließe
meinen Bund zwischen mir und dir samt deinen Nachkommen,
Generation um Generation, einen ewigen Bund:
Dir und deinen Nachkommen werde ich Gott sein.“

(Genesis 17, 2 und 7)

4 Fasse die Vorteile und Versprechen zusammen, die der Bund Gottes für Abraham vorgesehen hat.

5 Beschreibe die Konsequenzen und Pflichten, die Abraham zu erfüllen hatte.

6 Sucht euch aus dem biblischen Text einen Satz heraus und gestaltet diesen als Text-Bild-Collage für die spätere Präsentation der Ergebnisse der Expertenteams. 2

Monotheismus – der Glaube an den einen Gott

M1 Gibt es eine „richtige“ Religion?

1 Die Abbildung zeigt die Symbole der Religionen (Mondsichel, Kreuz, Davidstern). Recherchiere nach der Bedeutung und weise die Symbole der richtigen Religion zu. 5

2 Erkläre die Bedeutung der Abbildung.

3 Diskutiert über die Frage: Gibt es die eine „richtige“ Religion? Bedenkt dabei, dass alle drei Religionen für sich beanspruchen an einen Gott zu glauben und dass es nur einen einzigen Gott gibt. 3

GRUNDWISSEN

Monotheismus und Polytheismus

Der Begriff „Monotheismus“ stellt eine Zusammensetzung der griechischen Wörter *„monos“* (einzig, einmalig) und *„theos“* (Gott) dar. Beim Monotheismus geht es also um Religionen, in denen ein Gott verehrt wird, wie im Judentum, im Christentum und im Islam.

Als sich die Religion des Judentums entwickelte, glaubten andere Völker und Religionen an mehrere Götter oder Geister, dies nennt man „Polytheismus“: eine Zusammensetzung der griechischen Wörter *„polys“* (viele) und *„theoi“* (Götter). Die Ägypter z. B. glaubten an einen Gott der Unterwelt und der Landwirtschaft (Osiris), an einen Gott der Wüsten und der Stürme (Seth), an einen Gott des Schreibens, des Wissens und der Weisheit (Toth) usw. Der Glaube an einen Gott wurde als ungewöhnlich angesehen und auch oft angefeindet.

Judentum
> Glossar

Christentum
> Glossar

Islam
> Glossar

4 Erläutert, warum eine monotheistische Religion im Umfeld polytheistischer Religionen als ungewöhnlich galt und angefeindet werden konnte.

M2 Glaube an den einen Gott

Das wichtigste Gebet im Judentum, das Sch´ma Jisrael, welches im Tenach (Deuteronomium 6, 4-9) steht, betont den Glauben an den einzigen Gott:

„Höre, Israel! Jahwe, unser Gott, Jahwe ist einzig.
Darum sollst du den Herrn, deinen Gott, lieben mit ganzem Herzen,
mit ganzer Seele und mit ganzer Kraft. Diese Worte, auf die ich dich heute verpflichte,
sollen auf deinem Herzen geschrieben stehen."

(Deuteronomium 6, 4-6)

Christen beziehen sich ebenfalls auf den Text im jüdischen Tenach. Dabei stellen sie sich den einen Gott dreifach vor: als Vater, Sohn Gottes und Heiliger Geist:

„Und selbst wenn es im Himmel oder auf der Erde sogenannte Götter gibt –
und solche Götter und Herren gibt es viele –, so haben doch wir
nur einen Gott, den Vater. Von ihm stammt alles und wir leben auf ihn hin.
Und einer ist der Herr: Jesus Christus. Durch ihn ist alles, und wir sind durch ihn."

(1. Korinther 8, 5-6)

„Geht hin und macht alle Nationen zu Jüngern, und tauft sie
auf den Namen des Vaters und des Sohnes und des Heiligen Geistes [...]."

(Matthäus 28, 196)

Im Islam heißt der Glaube an den einen Gott, an Allah, Tauhīd. Insbesondere die Sure 2 gilt als Bekenntnis der Muslime:

„Er ist Gott, der Eine, Gott, der Beständige,
er zeugte nicht und wurde nicht gezeugt, und keiner ist ihm ebenbürtig."

(Koran, 112. Sure)

Der Name Gottes
gilt als heilig und wird daher von einem gläubigen Juden nie ausgesprochen, sondern mit „der Herr" oder „der Ewige" umschrieben. Im Christentum spricht man von Gott, im Islam heißt Gott „Allah".

Heiliger Geist
eine Kraft Gottes, die Menschen spüren können, wenn sie an Gott glauben

Sure
Abschnitt im Koran

LERNAUFGABE

Vergleichen

Beim Vergleichen betrachtet man zwei oder mehr Dinge unter einem bestimmten Aspekt und prüft dabei, wo sie sich ähneln und unterscheiden.

Vergleichen kann man:
Ansichten, Texte, Bilder, Religionen, Lebensweisen, Sachverhalte, Verhaltensweisen, Ideen ...
Die Religionen kann man z. B. unter dem Aspekt vergleichen, ob die Gläubigen an einen oder mehrere Götter glauben.

Wie vergleicht man etwas? Du kannst zunächst aufschreiben, was den Dingen gemeinsam ist.

L1 Vergleiche die drei Textauszüge in Bezug auf den Glauben an den einen Gott und benenne Gemeinsamkeiten der drei Religionen.
L2 Erarbeite daraus die Unterschiede.

5 Erkläre, was der Glaube an einen Gott für einen Gläubigen bedeuten kann.

Arbeiten und Präsentieren in Expertenteams

Arbeiten im Expertenteam

In der 5. Klasse habt ihr bereits gelernt, im Expertenteam zu arbeiten. Hier sind noch einmal die vier Phasen in kurzer Form aufgeführt:

Judentum
> Glossar

Christentum
> Glossar

Islam
> Glossar

Phase 1: Gemeinsame Einführung auf den ersten Infoseiten in das Thema Judentum, Christentum und Islam (S. 90-95).	**Phase 2:** Bildung von drei Expertengruppen: Expertenteam 1: Judentum Expertenteam 2: Christentum Expertenteam 3: Islam
Phase 3: Gemeinsame Vorbereitung einer Wandzeitung in eurer Expertengruppe.	**Phase 4:** Aufteilen in neue Gruppen, in denen von jeder Religion ein Experte sitzt.

1 Fasst die Methode des Arbeitens im Expertenteam zusammen und erklärt sie euch gegenseitig in eigenen Worten.

2 Teilt die Gruppen ein und schreibt die Namen der Mitglieder einer jeden Expertengruppe auf, damit jeder weiß, zu welcher Gruppe er / sie gehört.

3 Zeichnet das typische Symbol für eure Religion und legt dieses in die Tischmitte, damit alle sehen, für welche Religion ihr Experten werdet.

Phase 3: Erstellung einer Wandzeitung in der Expertengruppe

In der 3. Phase bereitet ihr als Expertenteam für eure Religion eine Präsentation vor. Für eure Ergebnisse legt ihr eine Wandzeitung an. Eine Wandzeitung enthält mehr Informationen als ein Plakat, aber wesentlich weniger als eine Tageszeitung. Jedes Team erhält einen bestimmten Platz an der Wand und ist für den Inhalt seines Teils verantwortlich. Dabei solltet ihr darauf achten, dass eure Wandzeitung gut zu lesen ist, kurze selbstgeschriebene Texte und auch Abbildungen enthält.

Mose
> Glossar

Jesus von Nazaret
> Glossar

Muhammad
> Glossar

Judentum	Christentum	Islam
Mose Tora Synagoge	Jesus von Nazaret Bibel Kirche	Muhammad Koran Moschee

4 Erkläre in eigenen Worten, wie man eine Wandzeitung gestaltet.

5 Erarbeitet wichtige Merkmale einer gut lesbaren und übersichtlichen Wandzeitungsseite und beachtet diese bei der Arbeit im Expertenteam. 11

GRUNDWISSEN

Präsentieren

Vorbereitung:
- Schreibe das Ziel deines Vortrags auf einen Zettel auf (z. B. „Mein Ziel ist es, dass die anderen etwas über das Leben Muhammads lernen") und hänge den Zettel für dich gut sichtbar auf.
- Schreibe dir Notizen auf.
- Überlege dir einen motivierenden Einstieg, damit dir alle gerne zuhören.
- Überlege dir einen knappen und zusammenfassenden Schluss.
- Versuche schwierige Begriffe durch Beispiele zu erklären.
- Denke dir Fragen aus, die zum Thema kommen könnten, und versuche sie bereits vorher zu beantworten.

Üben:
- Gehe deine Präsentation mehrmals durch.
- Achte schon beim Üben auf die vorgegebene Zeit.

Vortrag:
- Sprich möglichst frei, halte Blickkontakt, sprich langsam und deutlich.
- Deine Körperhaltung sollte aufrecht sein, aber nicht angespannt oder verschlossen.
- Mache zwischendurch Pausen, damit die anderen den Inhalt besser verstehen oder auch nachfragen können. Denke daran, du bist der Experte deines Themas, für die anderen ist der Vortrag neu.

Nach dem Vortrag:
- Nimm die Fragen der anderen ernst und gib dir Mühe bei der Beantwortung.

6 Erkläre in eigenen Worten, worauf es bei einer Präsentation ankommt. 9

7 Sammelt gemeinsam weitere Tipps für eine gute Präsentation. 9

Phase 4: Gallery Walk als Präsentationsmethode

Nun seid ihr als Vertreter eurer Religion in der neu zusammengestellten Gruppe und habt die Aufgabe, eure Wandzeitung in einem Museumsgang (Gallery Walk) zu präsentieren.

Einen Gallery-Walk absolviert man am besten in drei Schritten:

1. Die ganze Gruppe betrachtet zunächst alle Wandzeitungsseiten still und jeder verschafft sich einen ersten Überblick.
2. Dann geht ihr als gemischte Expertengruppe von Wandzeitungsseite zu Wandzeitungsseite. Der jeweilige Experte erläutert sein Wissen zur entsprechenden Religion. Die anderen notieren die Ergebnisse, stellen Nachfragen und geben dem Vortragenden ein Feedback.
3. Abschließend setzt ihr euch als Expertenteam wieder zusammen und schreibt Gemeinsamkeiten und Unterschiede aller drei Religionen auf.

Religiöser Raum: Synagoge

Synagoge
Ableitung vom griechischen Wort „versammeln“; die Synagoge ist ein Gebetshaus der Juden, aber auch ein Treffpunkt, um zu lernen, miteinander zu sprechen und zu feiern

M1 Einblick in eine Synagoge

1 Beschreibe, was auf den Fotos zu sehen ist.

2 Benennt die Gegenstände, die euch bereits bekannt sind, und vergleicht eure Ergebnisse in der Gruppe. Recherchiert gemeinsam nach den übrigen Gegenständen, die ihr nicht kennt. 5

M2 Der Gebetsraum in der Synagoge

Der wichtigste Raum in jeder Synagoge ist der Gebetsraum, in dem viele Stühle für die Gottesdienstbesucher stehen.

Auf dem Tisch in der Mitte, den man Almemor oder Bima nennt, werden die Torarollen ausgebreitet. Der große Schrank, der sich meist in der Nähe der Bima befindet, heißt Toraschrein, weil hier die Torarollen aufbewahrt werden.

Auch die Menora, ein siebenarmiger Leuchter, bei dem die sieben Kerzen für die sieben Wochentage stehen, spielt eine wichtige Rolle in der Synagoge. Das Licht der Menora steht symbolisch für die Kenntnis von Gott und der Tora.

Beim Betreten der Synagoge ziehen die männlichen Gottesdienstbesucher eine Kippa auf. Für die Gebete werden zusätzlich der Gebetsschal, der Tallit, und lederne Gebetsriemen, die Tefillin, um den Arm und um den Kopf angelegt. In einer Kapsel an den Tefillin steht wiederum der wichtigste Text im Judentum, das Sch'ma Jisrael, welcher den Glauben an den einzigen Gott bezeugt.

3 Zeichne eine mögliche Skizze des Innenraums einer Synagoge. Vergleicht untereinander und achtet darauf, dass die wichtigsten Bestandteile enthalten sind.

4 Diskutiert in eurer Expertengruppe, ob ein Gotteshaus immer besonders prächtig sein muss oder ob es auch ein normales Wohnhaus sein kann. 3

5 Recherchiert, ob es eine Synagoge in eurer Nähe gibt und macht Fotos für eure Wandzeitung. Fragt zuvor um Erlaubnis. 5

M3 Nächstes Jahr in Jerusalem

Martin besuchte seinen Mitschüler David. Gemeinsam gingen sie in die Synagoge, weil Martin bisher noch keine Synagoge von innen gesehen hatte und David ihm mehr von seiner Religion zeigen wollte.

Martins Blick fiel auf eine große, reich ausgestattete Tür. David erklärte: „Das ist das Herzstück jeder Synagoge. Wir nennen es Aharon Hakodesch, den Toraschrein.

Da die Tora der Mittelpunkt unseres Glaubens ist, steht auch der Toraschrein im Zentrum des Raums. Sieh mal über der Tür. Das ist eine Darstellung von Jerusalem. In diese Richtung zeigt auch der Schrein. Der Rabbi hat uns erklärt, das Gotteshaus für uns Juden ist eigentlich der Tempel in Jerusalem. Der wurde aber von den Römern vor 2000 Jahren zerstört. Nach unserem Verständnis ist eine Synagoge nur ein Ersatz, eine Übergangslösung, bis der Tempel wieder errichtet wird. Deshalb sagen wir bei den großen Festen zueinander: Nächstes Jahr in Jerusalem."

6 Recherchiert zum Jerusalemer Tempel und erklärt, warum der Toraschrein in die Richtung des Tempels zeigen soll. 5

7 Erläutere in eigenen Worten, warum der Satz „Nächstes Jahr in Jerusalem" für die Juden wichtig sein könnte.

8 Gestaltet eure Wandzeitungsseite zur Synagoge. 11

Tora
> Glossar

Moses
> Glossar

Zentrale Persönlichkeit: Moses

M1 Ein ungewöhnliches Ereignis

Raffaello Santi, Moses unter dem brennenden Dornbusch (1515-18)

1 Beschreibt, was ihr auf dem Bild seht und wie es auf euch wirkt (Personen, Farben, Formen). 1

2 Diskutiert darüber, was auf dem Bild passiert. 3

M2 Moses spricht mit Gott

Horeb
Berg in Ägypten

„Mose weidete die Schafe und Ziegen seines Schwiegervaters Jitro, des Priesters von Midian. Eines Tages trieb er das Vieh über die Steppe hinaus und kam zum Gottesberg Horeb. Dort erschien ihm der Engel des Herrn in einer Flamme, die aus einem Dornbusch emporschlug. Er schaute hin: Da brannte der Dornbusch und verbrannte doch nicht. Mose sagte: Ich will dorthin gehen und mir die außergewöhnliche Erscheinung ansehen. Warum verbrennt denn der Dornbusch nicht? Als der Herr sah, dass Mose näher kam, um sich das anzusehen, rief Gott ihm aus dem Dornbusch zu: Mose, Mose! Er antwortete: Hier bin ich. Der Herr sagte: Komm nicht näher heran! Leg deine Schuhe ab; denn der Ort, wo du stehst, ist heiliger Boden. Dann fuhr er fort: Ich bin der Gott deines Vaters, der Gott Abrahams, der Gott Isaaks und der Gott Jakobs. Da verhüllte Mose sein Gesicht, denn er fürchtete sich, Gott anzuschauen. Der Herr sprach: Ich habe das Elend meines Volkes in Ägypten gesehen und ihre laute Klage über ihre Antreiber habe ich gehört. Ich kenne ihr Leid. Ich bin herabgestiegen, um sie der Hand der Ägypter zu entreißen und aus jenem Land hinaufzuführen in ein schönes, weites Land. […] Jetzt ist die laute

Klage der Israeliten zu mir gedrungen und ich habe auch gesehen, wie die Ägypter sie unterdrücken.
Und jetzt geh! Ich sende dich zum Pharao. Führe mein Volk, die Israeliten, aus Ägypten heraus!
Mose antwortete Gott: Wer bin ich, dass ich zum Pharao gehen und die Israeliten aus Ägypten herausführen könnte?
Gott aber sagte: Ich bin mit dir; ich habe dich gesandt und als Zeichen dafür soll dir dienen: Wenn du das Volk aus Ägypten herausgeführt hast, werdet ihr Gott an diesem Berg verehren. Da sagte Mose zu Gott: Gut, ich werde also zu den Israeliten kommen und ihnen sagen: Der Gott eurer Väter hat mich zu euch gesandt. Da werden sie mich fragen: Wie heißt er? Was soll ich ihnen darauf sagen? Da antwortete Gott dem Mose: Ich bin der „Ich-bin-da". Und er fuhr fort: So sollst du zu den Israeliten sagen: Der „Ich-bin-da" hat mich zu euch gesandt.
Weiter sprach Gott zu Mose: So sag zu den Israeliten: Jahwe, der Gott eurer Väter, der Gott Abrahams, der Gott Isaaks und der Gott Jakobs, hat mich zu euch gesandt. Das ist mein Name für immer und so wird man mich nennen in allen Generationen."

(Exodus 3, 1-15)

3 Erläutere in eigenen Worten den Satz: Ich bin der „Ich-bin-da".

4 Am Abend kommt Moses zu seiner Familie zurück. Er wirkt verwirrt. Seine Frau und sein Schwiegervater fragen ihn, was passiert ist. Überlegt euch, was Moses erzählt haben könnte, und spielt diese Szene nach. Für die Wandzeitung könnt ihr dies auch in Form von Standbildern fotografieren. 10

M3 Die Berg-Sinai-Erfahrung von Moses

Eine in den fünf Büchern Mose bzw. in der Tora aufgeschriebene Erfahrung, an die sich Juden erinnern, ist die Berg-Sinai-Erfahrung von Moses *(Schemot / Exodus / 2. Mose 20, 1-17)*: Das Volk Israel war nach der Befreiung aus ägyptischer Gefangenschaft nun nach einer jahrelangen Wanderzeit in der Wüste am Berg Sinai angelangt. In der Tora heißt es:

„Und der Herr sprach zu Mose: Komme zu mir herauf auf den Berg und bleibe dort; und ich werde dir geben die Steintafeln, mit der Tora und dem Gebot, die ich geschrieben habe. […]" *(Exodus 24, 12)*

Moses erhält dann nach der Überlieferung auf der Spitze des Berges von Gott die „Zehn Worte" (den Dekalog), die sogenannten Zehn Gebote auf zwei Steintafeln. Auf ihnen teilt Gott dem Volk Israel mit, was Menschen tun und was sie nicht tun sollen, wenn sie ein glückliches Leben in der Gemeinschaft leben wollen. Der Dekalog beginnt sofort mit dem wichtigen Satz:

„Ich bin der Herr, dein Gott, der dich aus Ägypten, dem Knechthaus, geführt hat."

(Exodus 20, 2)

Hier wird bereits deutlich, dass das Judentum zu den monotheistischen Religionen gehört, da Gott als alleiniger, allmächtiger und ewiger Schöpfer und Erhalter der Welt beschrieben wird. Die Juden betrachten sich demnach als das von Gott erwählte Volk, welches aus der Sklaverei befreit und aus Ägypten herausgeführt wurde.

Tora
> Glossar

Schemot
die hebräische Bezeichnung für das zweite Buch Mose

5 Erklärt, warum Moses als Religionsstifter gilt.

6 Erstellt eure Wandzeitungsseite zu Moses. 11

Gemeinschaft
> Glossar

Heiliger Text: Tora

M1 Der Anfang

1. Beschreibe, was du auf dem Bild siehst und wie es auf dich wirkt (Personen, Farben, Formen). 1
2. Diskutiert darüber, was auf dem Bild passiert. 3
3. Erläutere die Bedeutung des Ereignisses für die Juden.

Tora
Tora oder Thora ist hebräisch und heißt ins Deutsche übersetzt: Weisung oder Lehre. Die Tora besteht aus fünf Büchern (in der christlichen Bibel bekannt als fünf Bücher Mose).
> Glossar

M2 Die Tora

Das Volk Israel hat viele Geschichten, Erlebnisse und Erfahrungen mit Gott immer mündlich weiter und weiter erzählt. Zum Beispiel erzählten die Israeliten ihren Kindern von den Erfahrungen, die ihre Vorfahren mit Gott gemacht hatten und die Geschichte der Befreiung aus ägyptischer Sklaverei. Erst vor ca. 2500 Jahren haben die Menschen dann angefangen, diese Erinnerungen aufzuschreiben.

Die Tora enthält diese aufgeschriebenen Erfahrungen mit Gott und ist das heiligste Buch des Judentums. Sie enthält neben den Erzählungen auch Gebote und Gesetze, die gläubige Juden dazu anleiten, ein gutes, das heißt ein moralisches und heiliges Leben zu führen.

Die Tora-Rolle wird nur von speziell ausgebildeten Tora-Schreibern von Hand auf Pergament abgeschrieben. Die Lesung ist ein wichtiger Moment in Synagogen-Gottesdiensten, da man sich an die Erfahrungen des Volkes Israel mit Gott erinnert.

Im Verlauf des Jahres wird zum Beispiel an jedem Schabbat-Tag ein Wochenabschnitt aus der Tora vorgelesen. Während eines Jahres wird letztlich die gesamte Tora einmal vorgelesen. Lesung

Schabbat
der siebte Tag der Woche im Judentum; jüdischer Ruhetag

für Lesung wird die linke Rolle ein Stück weiter nach links gedreht, der freigewordene Abschnitt wird gelesen, dann wird die rechte Rolle bis an die linke wieder herangedreht. Ist man am Ende angekommen, wird jedes Jahr von vorne begonnen. Der Abschluss und Neuanfang der Tora-Lesung wird mit einem der fröhlichsten Feste des jüdischen Jahres, dem Simchat-Tora-Fest, gefeiert.

4 Beschreibe in eigenen Worten die Entstehung der Tora.

5 Erkläre die Bedeutung der Tora und das Lesen dieses heiligen Textes für das Judentum.

M3 Unendliches Verstehen

Weil wir die Worte der Tora in einer einzigartigen Weise hören, streiten wir Juden oft über deren Bedeutung [...]. Was bedeutet es zum Beispiel, wenn die Tora sagt: „Gott schuf die Welt in sechs Tagen"? Könnte es bedeuten, dass es, bevor Sonne und Erde da waren, schon 24-Stunden-Tage gab? Oder lehrt uns dies, dass jede Woche unsere Welt neu geschaffen wird und dass wir an jedem Schabbat aufhören sollen zu schaffen, so wie auch Gott innehielt? [...]
Die Tora verstehen zu lernen, bedeutet unendliche Suche. Ganz gleich wie oft wir die Tora schon gelesen haben mögen oder wie viele Male wir sicher waren, sie zu verstehen, immer wieder wird sich eine neue Deutung auftun und unseren Verstand herausfordern.

Einmal fand sich Mose in einem Klassenraum wieder, in dem die Schüler die Tora studierten. Unsichtbar wanderte Mose in die letzte Reihe und setzte sich, aber er konnte nicht verstehen, was die Schüler lernten.
Nach ein paar Minuten fragte einer der Schüler den Lehrer nach der Bedeutung eines bestimmten Abschnitts. Der Lehrer antwortete: „Ich bin nicht sicher, was diese Worte bedeuten, aber wir studieren sie auf jeden Fall, denn wir müssen uns an alles erinnern, was Mose uns gelehrt hat."
Zuerst fühlte Mose sich geehrt und war stolz. Dann aber wandte er sich besorgt an Gott: „Die Schüler und Lehrer in dieser Klasse sind so klug, und doch hast du mich ausgesucht, deine Tora zu überliefern!"
Gott antwortete: „Nicht einmal du, Mose, kannst alles in der Tora verstehen". Jede Generation findet neue Bedeutungen in der Tora [...]. Alles, was wir lernen, und alles, was wir als Juden sind, kommt aus der Tora.

6 Erläutere mithilfe des Textes die Überschrift „Unendliches Verstehen".
7 Stellt euch vor, ihr würdet in dem Klassenraum sitzen und Moses wäre nicht länger unsichtbar. Welche Fragen würdet ihr ihm stellen? Entwickelt zu zweit einen Dialog zwischen euch und Moses.
8 Erstellt eure Wandzeitungsseite zur Tora. 11

Knobelaufgabe

„Erzählungen bilden das gemeinsame Gedächtnis einer Religion." Diskutiert die Bedeutung dieser Aussage. 3

Religiöser Raum: Kirche

Kirche bezieht sich einmal auf das Bauwerk, wobei das griechische Wort *kyriake* („dem Herrn gehörend") heißt und als Gotteshaus gilt. Zugleich bedeutet der Begriff der Kirche aber auch die Gemeinschaft der Christen.

M1 Einblick in eine Kirche

1 Beschreibe, was auf den Fotos zu sehen ist.

2 Benennt die Gegenstände, die euch bereits bekannt sind, und vergleicht eure Ergebnisse in der Gruppe. Recherchiert gemeinsam nach den übrigen Gegenständen, die ihr nicht kennt. 5

M2 Der Kircheninnenraum

Charakteristisch für Kirchen ist ein Kirchturm mit dem Symbol des Kreuzes oder des Hahnes (selten ein Schwan), ein Kirchenschiff, in dem sich die Gemeinde versammelt, und ein Altarraum. In alten Kirchen sieht man noch meist ein Altarbild, das die Aufmerksamkeit auf den Altar lenkt. Die Darstellungen zeigen meist Heilige, Szenen aus der Bibel oder aus dem täglichen Leben. In einem Nebenraum des Altarraums, der Sakristei, bereitet sich der Pfarrer auf den Gottesdienst vor.

Vor allem in alten Kirchen gibt es Seitenschiffe mit Altären für das persönliche Gebet oder auch kleinere Kapellen. Auf Buntglasfenstern werden biblische Geschichten dargestellt. Früher war dies wichtig, weil die Menschen weder lesen noch schreiben konnten.

In den meisten Kirchen gibt es ein Lesepult (Ambo), von dem aus das Wort Gottes verkündigt wird. Vielfach wird heute vom Ambo aus gepredigt, doch v. a. in alten Kirchen predigt der Pfarrer von einer eigenen Kanzel aus. Sie ist erhöht, sodass alle Gläubigen den Prediger auch sehen können.

In katholischen Kirchen befinden sich im Eingangsbereich Weihwasserbecken. Wenn die Gläubigen die Kirche betreten, tauchen sie ihre Hand in das Weihwasser und bekreuzigen sich zur Erinnerung an ihre Taufe.

Bibel
> Glossar

Sakristei
> Glossar

Seitenschiff
> Glossar

3 Zeichne eine mögliche Skizze des Innenraums einer Kirche. Vergleicht untereinander und achtet darauf, dass die wichtigsten Bestandteile enthalten sind.

4 Diskutiert in eurer Expertengruppe, ob ein Gotteshaus immer besonders prächtig sein muss oder ob es auch ein normales Wohnhaus sein kann. 3

5 Recherchiert, ob es eine Kirche in eurer Nähe gibt und macht Fotos für eure Wandzeitung. Fragt zuvor um Erlaubnis. 5

6 Untersucht die Symbole der Kirchtürme in eurer Nähe und erläutert die Bedeutung.

7 Erstellt eure Wandzeitungsseite zur Kirche. 11

Jesus von Nazaret
> Glossar

Zentrale Persönlichkeit: Jesus von Nazaret

M1 Taufe

1 Beschreibe, was du auf dem Bild siehst und wie es auf dich wirkt (Personen, Farben, Formen). 1

2 Diskutiert darüber, was auf dem Bild passiert. 3

M2 Jesu Leben und Wirken

Im Neuen Testament wird Jesus Leben und Wirken besonders ausführlich beschrieben, als er um die 30 Jahre alt ist. Da bittet Jesus einen Wanderprediger namens Johannes der Täufer, ihn von seinen Sünden reinzuwaschen. Als Johannes Jesu Wunsch nachkommt, tönt eine Stimme aus dem Himmel: „Dies ist mein geliebter Sohn!" Danach zieht sich Jesus 40 Tage zum Fasten und Beten in die Wüste zurück und kehrt nun selbst als Prediger aus der Wüste wieder.

Was Jesus predigte, provozierte die Menschen seiner Zeit: Das Gebot „Liebe deinen nächsten wie dich selbst" forderte er auch gegenüber Feinden ein. Er predigte von einem Gott, der den Menschen ein liebender Vater ist.

Schnell schlossen sich Jesus Menschen an. Sie begleiteten ihn als Jünger überall hin und sollten seine Lehre auch nach seinem Tod weiterverbreiten.

3 Erläutere Jesus Bedeutung für das Christentum.

4 Erklärt euch gegenseitig die Lehre Jesu.

M3 „Und wer ist mein Nächster?"

Da stand ein Gesetzeslehrer auf, und um Jesus auf die Probe zu stellen, fragte er ihn: Meister, was muss ich tun, um das ewige Leben zu gewinnen? Jesus sagte zu ihm: Was steht im Gesetz? Was liest du dort? Er antwortete: *Du sollst den Herrn, deinen Gott, lieben mit ganzem Herzen und ganzer Seele, mit all deiner Kraft* und all deinen Gedanken, und: *Deinen Nächsten sollst du lieben wie dich selbst.* Jesus sagte zu ihm: Du hast richtig geantwortet. Handle danach und du wirst leben. Der Gesetzeslehrer wollte seine Frage rechtfertigen und sagte zu Jesus: Und wer ist mein Nächster? Darauf antwortete ihm Jesus: Ein Mann ging von Jerusalem nach Jericho hinab und wurde von Räubern überfallen. Sie plünderten ihn aus und schlugen ihn nieder; dann gingen sie weg und ließen ihn halb tot liegen. Zufällig kam ein Priester denselben Weg herab; er sah ihn und ging weiter. Auch ein Levit kam zu der Stelle; er sah ihn und ging weiter. Dann kam ein Mann aus Samarien, der auf der Reise war. Als er ihn sah, hatte er Mitleid, ging zu ihm hin, goss Öl und Wein auf seine Wunden und verband sie. Dann hob er ihn auf sein Reittier, brachte ihn zu einer Herberge und sorgte für ihn. Am andern Morgen holte er zwei Denare hervor, gab sie dem Wirt und sagte: Sorge für ihn, und wenn du mehr für ihn brauchst, werde ich es dir bezahlen, wenn ich wiederkomme. Was meinst du: Wer von diesen dreien hat sich als der Nächste dessen erwiesen, der von den Räubern überfallen wurde? Der Gesetzeslehrer antwortete: Der, der barmherzig an ihm gehandelt hat. Da sagte Jesus zu ihm: Dann geh und handle genauso!

(Lukas 10, 25-37)

Gesetz
hier: Glaubensregeln

5 Erzähle die Geschichte vom Barmherzigen Samariter in eigenen Worten. Überlegt, was der Satz „Deinen Nächsten sollst du lieben wie dich selbst" bedeutet.
6 Versetzt euch in die Lage der Personen, stellt diese als Standbilder dar und überlegt, welche Gedanken ihnen durch den Kopf gehen. Schreibt sie anschließend als „Inneren Monolog" auf. 10, 4
7 „Und wer ist mein Nächster?" Finde Beispiele aus deinem Alltag.
8 Beschreibe, warum diese Geschichte als charakteristisch für die Christen gilt.

Levit
> Glossar

Samariter
> Glossar

M4 Bergpredigt Jesu

Selig, die arm sind vor Gott,
denn ihnen gehört das Himmelreich.
Selig die Trauernden,
denn sie werden getröstet werden. [...]
Selig die Barmherzigen,
denn sie werden Erbarmen finden.
Selig, die ein reines Herz haben,
denn sie werden Gott schauen. [...]

(Matthäus 5, 3-12)

Bergpredigt
> Glossar

9 Erkläre das Besondere an den Aussagen der Bergpredigt.
10 Sammle zu den Seligpreisungen Jesu praktische Beispiele, die dir in deinem Alltag begegnen.
11 Gestaltet eine Wandzeitungsseite zu Jesus. 11

Knobelaufgabe

„Alles, was ihr also von anderen erwartet, das tut auch ihnen!" Vergleiche das Zitat mit der Goldenen Regel und begründe, welche Formulierung dir besser gefällt.

Goldene Regel
> Glossar
und S. 13

Bibel
> Glossar

Heiliger Text: Bibel

Evangelium
> Glossar

M1 Die Bibel der Christen

Die Bibel, die Heilige Schrift der Christen, stammt nicht aus einer einzelnen Feder. Vielmehr handelt es sich um ein Sammelwerk, dessen Einzelschriften von verschiedenen Autoren in über 1000 Jahren niedergeschrieben wurden.

Zunächst entstand das Alte Testament in hebräischer Sprache, es besteht aus der Tora der Juden – die Christen nennen es die fünf Bücher Mose – und vielen weiteren Erzählungen. Die Juden bezeichnen das Alte Testament der Christen dagegen als den Tenach. Nach dem Tod Jesu führten wiederum mündliche Überlieferungen, das Erinnern an diese Erzählungen und das Verfassen von Briefen der Apostel zur Entstehung des Neuen Testaments, welches dann zwischen 50 und 120 n. Chr. aufgeschrieben wurde. Die Evangelien berichten über das Wirken Jesu. Die Apostelgeschichte erzählt von der Ausbreitung der Botschaft Jesu und den ersten christlichen Gemeinden. Die neutestamentlichen Briefe wurden vom Apostel Paulus und seinen Schülern an die ersten christlichen Gemeinden geschrieben. Abgeschlossen wird das Neue Testament mit der Offenbarung des Johannes, der eine Vision über das kommende Reich Gottes hatte.

Tora
> Glossar

Apostel (griechisch „Gesandter“) ein anderes Wort für Jünger; Apostel oder Jünger sind Menschen, die Jesus nachfolgten, von ihm lernten und in seinem Sinne handelten.

1 Beschreibe in eigenen Worten die Entstehung der Bibel.
2 Recherchiert zu den biblischen Büchern und Briefen und zeichnet sie als Bibliothek auf. 5

Alter (Erster) und Neuer (bzw. erneuerter oder Zweiter) Bund
> Glossar

M2 Alter und Neuer Bund

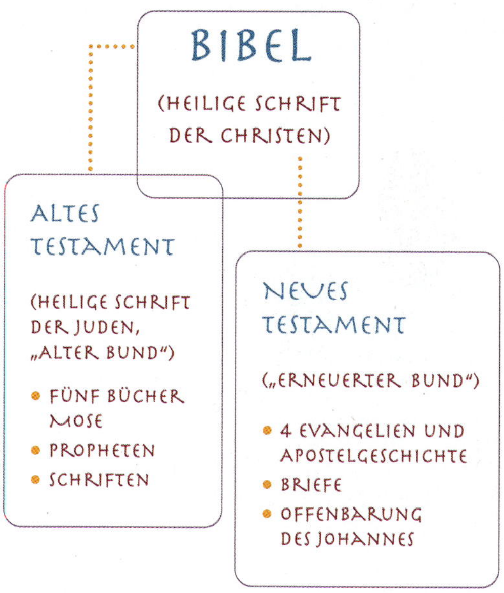

3 Betrachte die Abbildung und beschreibe, welche Teile der Bibel Juden und Christen gemeinsam wichtig finden.
4 Erläutere, was mit „Altem Bund“ und „Erneuertem Bund“ gemeint sein könnte.

M3 Er ist am dritten Tag auferweckt worden …

Ich erinnere euch, Brüder, an das Evangelium, das ich euch verkündet habe. Ihr habt es angenommen; es ist der Grund, auf dem ihr steht. Durch dieses Evangelium werdet ihr gerettet, wenn ihr an dem Wortlaut festhaltet, den ich euch verkündet habe. Oder habt ihr den Glauben vielleicht unüberlegt angenommen? Denn vor allem habe ich euch überliefert, was auch ich empfangen habe: Christus ist für unsere Sünden gestorben, gemäß der Schrift, und ist begraben worden. Er ist am dritten Tag auferweckt worden, gemäß der Schrift, und erschien dem Kephas, dann den Zwölf. Danach erschien er mehr als fünfhundert Brüdern zugleich; die meisten von ihnen sind noch am Leben, einige sind entschlafen. […]
Ob nun ich verkündige oder die anderen: das ist unsere Botschaft, und das ist der Glaube, den ihr angenommen habt. Wenn aber verkündigt wird, dass Christus von den Toten auferweckt worden ist, wie können dann einige von euch sagen: Eine Auferstehung der Toten gibt es nicht? Wenn es keine Auferstehung der Toten gibt, ist auch Christus nicht auferweckt worden. Ist aber Christus nicht auferweckt worden, dann ist unsere Verkündigung leer und euer Glaube sinnlos.

(1. Korinther 15, 1-6 und 11-14)

Kephas
> Glossar

die Zwölf
die zwölf Apostel

5 Beschreibe den Inhalt des Evangeliums bzw. der Frohen Botschaft.
6 Erkläre, warum ohne die Auferstehung der Glaube der Christen sinnlos wäre.

M4 Die vier Evangelisten

Abraham Bloemaert, Die vier Evangelisten (1615)

7 Beschreibe, was du auf dem Bild siehst und wie es auf dich wirkt (Personen, Farben, Formen). 1

8 Diskutiert darüber, was auf dem Bild passiert. 3
9 Gestaltet eure Wandzeitungsseite zur Bibel. 11

Religiöser Raum: Moschee

Moschee
Begriff stammt vom arabischen Wort *Masdschid* („Ort der Niederwerfung" / „Der Ort, an dem man zum Beten niederfällt") ab. In einer Moschee versammelt man sich zum Gebet, sie ist das geistige Zentrum einer Gemeinde.

M1 Einblick in eine Moschee

1 Beschreibe, was auf den Fotos zu sehen ist.

2 Benennt die Gegenstände, die euch bereits bekannt sind, und vergleicht eure Ergebnisse in der Gruppe. Recherchiert gemeinsam nach den übrigen Gegenständen, die ihr nicht kennt. 5

M2 Der Gebetsraum in der Moschee

Die erste Moschee wurde in Medina errichtet. Im Laufe der Geschichte entwickelte sich der Moscheebau zu einer eigenen Kunst. Es lassen sich je nach Epoche und Ort verschiedene Typen von Moscheen unterscheiden. Jeder bedeutendere Ort besitzt zumindest eine Freitagsmoschee und zahlreiche andere kleinere Gebetsstätten.

Unter der Freitagsmoschee versteht man die Hauptmoschee einer Stadt oder eines Stadtteils, in der das Freitagsgebet abgehalten wird. Da dieses Gebet, bei dem ein auf der Kanzel stehender Prediger eine Predigt hält, jeden Freitagmittag stattfindet, ist es nach dem heiligen Tag der Muslime benannt. Jede größere Moschee hat einen in Richtung Mekka zeigenden Mihrab, einen Minbar, häufig eine Dakka, von wo der Muezzin seinen Gebetsruf erschallen lässt, eine Rahla, einen Koranständer, und einen Brunnen oder eine andere Waschanlage für die notwendige rituelle Reinigung der Gläubigen. Das Innere der Moschee ist mit Matten und kostbaren Teppichen ausgestattet. Bilder und Kunstgegenstände sind verboten, dafür ist jedoch kunstvolle Kalligrafie vorhanden. Die meisten Moscheen besitzen einen oder mehrere Minarette. Als Stätte des Gebets und der inneren Einkehr darf die Moschee nicht mit Schuhen betreten werden. Sie ist zwar kein heiliges, geweihtes Gebäude, strahlt aber dennoch den Charakter von Heiligkeit aus. Darüber hinaus sind besonders die Freitagsmoscheen Zentrum des gesellschaftlichen Lebens. Als soziale Treffpunkte dienen sie auch dem weltlichen Gespräch und der Zusammenkunft. Nicht zuletzt sind Moscheen auch Lehrhäuser für den Koranunterricht und können auch als Gerichtsort dienen. Dieser soziale Aspekt war früher sogar noch ausgeprägter, als sich in Moscheen auch Apotheken, Armenküchen oder auch die öffentliche Verwaltung befinden konnten.

Medina
Stadt in Saudi-Arabien; nach Mekka die zweitwichtigste Stadt des Islam

Koran
> Glossar

Mihrab
Gewölbe

Minbar
Kanzel

Dakka
erhöhte freistehende Plattform

Muezzin
Gebetsrufer

Kalligrafie
die Kunst des Schönschreibens von Hand mit Feder

Minarett
Turm

3 Zeichne eine mögliche Skizze des Innenraums einer Moschee. Vergleicht untereinander und achtet darauf, dass die wichtigsten Bestandteile enthalten sind.

4 Diskutiert in eurer Expertengruppe, ob ein Gotteshaus immer besonders prächtig sein muss oder ob es auch ein normales Wohnhaus sein kann. 3

5 Recherchiert, ob es eine Moschee in eurer Nähe gibt und macht Fotos für eure Wandzeitung. Fragt zuvor um Erlaubnis. 5

6 Gestaltet eure Wandzeitungsseite zur Moschee. 11

Muhammad
> Glossar

Zentrale Persönlichkeit: Muhammad

Kaaba
arabisch „Würfel“; ist ein riesiges würfelförmiges Gebäude im Innenhof der Moschee in Mekka

M1 Die Kaaba

1 Beschreibe, was du auf dem Bild siehst und wie es auf dich wirkt (Personen, Farben, Formen). 1

2 Diskutiert darüber, was auf dem Bild passiert. 3

M2 Muhammads Lehre und Lebensregeln

„Setze neben Gott nicht einen anderen Gott! Du sitzt sonst da, getadelt und verlassen. Beschlossen hat dein Herr, dass ihr ihm allein dienen sollt und dass ihr eure Eltern gut behandelt. Wenn sie alt geworden sind bei dir, gleichviel ob einer oder beide, so sag nicht „Pfui“ zu ihnen, und fahre sie nicht an! Gebrauche ihnen gegenüber nur edle Worte. [...] Was ihr in euren Seelen hegt, weiß euer Herr wohl. Wenn ihr rechtschaffen seid, wird er bereit sein, denen, die sich zu ihm kehren, zu vergeben. [...] Haltet ein, was ihr versprecht! Denn das Versprochene wird eingefordert. Wenn ihr zumesst, haltet ein das Maß und wiegt mit rechter Waage! Denn das ist gut und führt zum besten Ziel. [...] Gehe nicht einher auf Erden voll Überschwang; du kannst die Erde nicht durchqueren und kannst, in ihrer Höhe, die Berge nicht erreichen.“ *(Sure 17, 22-37)*

3 Beschreibe zunächst die Regeln in deinen eigenen Worten und markiere diejenigen, die du auch für dich wichtig finden könntest.

4 Erläutere den Satz „Gehe nicht einher auf Erden voll Überschwang“ und finde dazu ein passendes Beispiel.

M3 Muhammads Leben und Wirken

Muhammad wird um 570 n. Chr. in Mekka geboren. Da seine Eltern früh sterben (Muhammad ist erst sechs Jahre alt), kümmert sich sein Onkel Abu Talib um ihn. Dieser nimmt den jungen Muhammad auf Karawanenreisen mit bis nach Syrien. Dadurch lernt er zahlreiche Beduinenstämme und arabische Hanifen (Gottergebene), aber auch Judenchristen kennen, die den Glauben an den einen Gott lehren. Er engagiert sich im öffentlichen Leben Mekkas. Bei Streitigkeiten wird sein Rat geschätzt.
Im Lauf der Zeit stößt Muhammad die vor allem auf Besitz ausgerichtete Lebenseinstellung der Mekkaner immer mehr ab. [...] Da erscheint ihm im Jahre 610 n. Chr. in der Einsamkeit einer Höhle am Berg Hira außerhalb Mekkas der Engel Gabriel. Muhammad zweifelt zwar zunächst an der Offenbarung Gottes, nimmt aber schließlich seine Berufung zum Gesandten und Propheten Allahs an.
„Sucht den rechten Weg zu dem einen barmherzigen Gott! Kehrt um und tut Buße! Hört auf, die Leute im Namen der Religion auszubeuten! Seht den Gewinn aus euren Handelsgeschäften als soziale Verpflichtung an! Wendet euch Gott zu, indem ihr den Armen helft!" – So lautet nunmehr die Predigt Muhammads.
Aber mit Ausnahme von wenigen Jüngern aus vornehmen Sippen und aus den unteren sozialen Schichten lehnt die überwiegende Mehrheit der Mekkaner die neue Lehre Muhammads ab. [...] Die Lage für Muhammad verschlechtert sich in Mekka nach dem Tode seines einflussreichen Onkels und seiner Frau. Er entschließt sich deshalb, der Anfrage von Gesandten aus dem 400 Kilometer nördlich gelegenen Ort Yathrib zu folgen. Dort soll er in einem Dauerstreit zwischen zwei verfeindeten Stämmen vermitteln.
Die Auswanderung (arabisch *Hidjra*) nach Yathrib im September 622 n. Chr. mit kaum mehr als 70 seiner Anhänger bildet das Jahr „Eins" der islamischen Zeitrechnung (Yathrib wird später Medina, „Stadt des Propheten" genannt). Nachdem Muhammad erfolgreich den Streit zwischen den Stämmen schlichtet, schließt sich bald ein großer Teil der arabischen Bevölkerung seiner neuen Lehre an.

5 Erläutere Muhammads Bedeutung für den Islam.

6 Beschreibt einzelne Stationen aus dem Leben Muhammads. Sucht euch eine Station aus, die ihr interessant findet, und recherchiert genauer dazu. 5

7 Gestaltet eure Wandzeitungsseite zu Muhammad. 11

Engel Gabriel
gilt im Christentum, Judentum und im Islam als ein wichtiger Engel Gottes, der Botschaften von Gott bzw. Allah schickt und erklärt, also offenbart

Sippe
Familie

Koran
> Glossar

Heiliger Text: Koran

M1 Der Koran – das Heilige Buch Gottes

Das Wort Koran, von arabisch *Qur'an*, bedeutet „Vortrag, Rezitation". Der Koran ist das heilige Buch der Muslime und gilt als das im buchstäblichen Sinne authentische Wort Allahs. Nach traditioneller muslimischer Überzeugung wurde dem Propheten Muhammad über einen Zeitraum von 22 Jahren, ab Muhammads 40. Lebensjahr bis zu seinem Tod (632 n. Chr.), das als ewig geltende Gotteswort in arabischer Sprache offenbart. Muhammad, selbst ein Analphabet, der also weder lesen noch schreiben konnte, trug seine neuen Offenbarungen selbst mündlich vor oder ließ sie von „Rezitatoren" verbreiten. Er ist deshalb weder der Autor noch der Herausgeber des Korans.

Die Textinhalte wurden zu seinen Lebzeiten von Schreibern auf allen möglichen Materialien wie Pergamenthäuten, Palmblättern oder Schulterknochen von Kamelen aufgezeichnet. Nach dem Tode Muhammads begann man, die vorhandenen Offenbarungssprüche zu sammeln und in eine allgemeingültige schriftliche Fassung zu bringen. Die bis heute verbindliche und offizielle Version des Korans geht auf eine vom 3. Kalifen Uthman (644 – 656 n. Chr.) eingesetzte Gelehrtenkommission zurück. Sie legte auch die Anordnung des Koran in 114 Suren („Abschnitte") fest. Jede Sure ist nach einem charakteristischen, im Text vorkommenden Wort benannt und wiederum in Verse, arabisch *Ayat* („Wunderzeichen") unterteilt.

1 Beschreibe die Entstehung des Korans.
2 Erläutere, warum die Worte Muhammads für seine Anhänger so wichtig waren.

M2 Sure 1: Al-Fatiha – die Eröffnung

Mit dieser Sure beginnt der Koran. Sie ist ein schlichtes Gebet, das jeder gläubige Muslim beim täglichen Pflichtgebet und beim freien Gebet spricht.

1. Im Namen Gottes, des Erbarmers, des Barmherzigen.
2. Lobpreis sei Gott, dem Herrn der Weltenbewohner,
3. dem Erbarmer, dem Barmherzigen,
4. dem Herrscher am Tage des Gerichts!
5. Dir dienen wir, dich rufen wir um Hilfe an.
6. Leite uns den rechten Weg,
7. den Weg derer, denen du gnädig bist, nicht derer, denen gezürnt wird, noch derer, welche irregehn!

3 Erklärt euch gegenseitig die mögliche Bedeutung dieser Sure für einen Muslim.

M3 Sprache, Bedeutung und Inhalt des Korans

Alle Muslime auf der Welt lernen den Koran in der arabischen Originalsprache. Denn nur in der Ursprache gilt er als das authentische Wort Allahs, das durch die menschliche Stimme unmittelbar und unverändert zum Ausdruck kommt.

Erhabenstes Zeichen Gottes

Für gläubige Muslime ist der Koran das erhabenste Zeichen Gottes im Universum und deshalb auch das zentrale Dokument der islamischen Kultur: Aus dem Koran wird in Radio und Fernsehen vorgelesen. Koranverse finden sich als Wandschmuck in Privathäusern, als Spruchbänder auch in Bussen und Autos. Muslime rezitieren den Koran bei ihren täglichen Gebeten, Kinder hören Passagen zu Beginn des Schulunterrichts, er steht am Anfang von Hochzeiten und Beerdigungen, bei Vorträgen und Geschäftsessen. Zu Hause im Bücherregal steht er an erhöhter Stelle, und in muslimischen Buchhandlungen werden Koranexemplare nicht „verkauft", sondern man gibt eine angemessene „Spende" für den Band.

Suren der Länge nach geordnet

Für Nichtmuslime ist der Koran allerdings verwirrend: Gebete und rituelle Anweisungen, Glaubensermahnungen und ethische Grundsätze (Maximen), Prophetengeschichten, Gleichniserzählungen und Anweisungen für die Auseinandersetzung mit Andersgläubigen wechseln einander ohne erkennbaren Zusammenhang ab. Denn die Suren des Korans sind nicht chronologisch (zeitlich) oder thematisch, sondern einfach der Länge nach geordnet – von der längsten Sure 2 mit 286 Versen (die Eröffnungssure 1 gilt als Ausnahme) bis zur kürzesten Sure 108 mit drei Versen. Dies ermöglicht es, den Text an jeder beliebigen Stelle aufzuschlagen, mit dem Vortrag des Abschnittes zu beginnen, ihn gemeinsam mit anderen auswendig zu lernen und sich über das Verstehen seiner Inhalte auszutauschen. Wer den gesamten Koran auswendig rezitieren kann, darf den Ehrentitel Hafiz („Bewahrer") tragen, was bis heute in der muslimischen Gesellschaft mit großem Ansehen verbunden ist.

Kultur
> Glossar

Gesellschaft
> Glossar

4 Erkläre, warum die Muslime bis heute den Koran in arabischer Sprache lernen.

5 Erkläre die Bedeutung des Korans für den Islam.

6 Diskutiert darüber, warum Muslime einen Koran in einer Buchhandlung nicht kaufen, sondern eine „Spende" geben. 3

7 Gestaltet eure Wandzeitungsseite zum Koran. 11

Schaubild zum Islam

Mit Muhammad und Koran hast du den Gründer und die Heilige Schrift des Islam kennengelernt. Entwickle auf der Grundlage deiner Kenntnisse aus dem Fach Geschichte ein Schaubild zur Ausbreitung des Islam.

Ich wiederhole mein Wissen

Abraham – Stammvater verschiedener Völker > S. 92

Abraham – Vater vieler Völker

Für die Weltreligionen, in denen an nur einen Gott geglaubt wird, ist Abraham der Stammvater. Mit ihm als ersten Juden beginnt die Geschichte des Volkes Israel in Verbindung mit Gott durch das Versprechen, das Gott Abraham gegeben hat. Es besagt, dass Abraham zahlreiche Nachkommen haben und Vater eines großen Volkes sein wird. Die Bedingung dafür ist, dass Abraham sein Heimatland verlässt. Gott segnet Abraham und schenkt ihm durch seine Frau Sara seinen Sohn Isaak und durch die Magd Hagar seinen Sohn Ismael. Das Judentum und das Christentum beziehen sich auf Isaak, der Islam betrachtet hingegen Ismael als seinen Vorfahren. Somit ist Abraham, als Vater der beiden und durch seine direkte Verbindung zu Gott, der Ursprung für alle drei Weltreligionen.

Monotheismus – der Glaube an den einen Gott > S. 94

Monotheismus – Der Glaube an den einen Gott

Der Begriff „Monotheismus" kommt aus dem Griechischen und bedeutet „Glaube an einen einzigen Gott". Im Monotheismus geht es also um Religionen, in denen ein Gott verehrt wird wie im Judentum, im Christentum und im Islam.

Das Judentum gilt als die älteste dieser Religionen, Christentum und später Islam folgen darauf und entwickeln die Glaubenslehre weiter. „Allah" ist das arabische Wort für Gott. Für Juden, Christen und Muslime gilt der eine Gott bzw. Allah als Schöpfer der Welt. Weiterhin wird er als allmächtig und allwissend angesehen. Er ist der alleinige Gott, es gibt keine weiteren. Oft ist er auch ein Gegenüber für die Menschen, indem er – im Gebet – mit ihnen spricht und sie zu einem guten Leben anleitet.

Symbole der Religionen

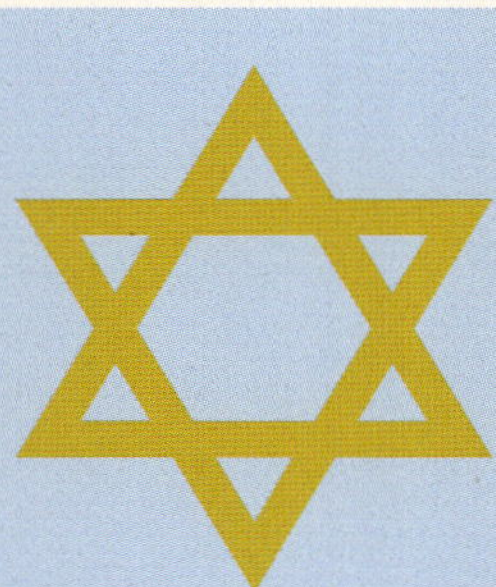

Davidstern
Judentum

Kreuz
Christentum

Mondsichel
Islam

Judentum	**Christentum**	**Islam**
Synagoge Die Synagoge („Versammlung“) ist ein Ort für Gottesdienst und Mittelpunkt jüdischen Lebens. Wichtige Merkmale der Inneneinrichtung sind die Bima und das Allerheiligste, der Toraschrein mit den Torarollen.	*Kirche* Die Kirche ist das Gotteshaus der Christen. Wichtige Merkmale der Inneneinrichtung sind Altar, Kanzel und Ambo.	*Moschee* Die Moschee ist das geistige Zentrum der Gemeinde und wird hauptsächlich als Gebetsraum genutzt. Wichtige Merkmale der Inneneinrichtung sind Mihrab und Minbar.
Moses Moses wird in Ägypten geboren, wo die Israeliten zu dieser Zeit als Sklaven leben. Gott erscheint ihm und gibt ihm den Auftrag, das Volk Israel ins Gelobte Land zu führen. Moses empfängt auf dem Berg Sinai die Zehn Gebote von Gott.	*Jesus von Nazaret* Jesu Geburt wird in der Weihnachtsgeschichte erzählt, wonach er in Bethlehem in einem Stall zur Welt gekommen sein soll. Im Alter von ca. 30 Jahren beginnt er zu predigen, v. a. die Nächstenliebe ist seine Lehre. Er zieht den Hass der Obrigkeit auf sich, weshalb er zum Tod am Kreuz verurteilt wird. Die Christen glauben, dass Jesus nach seinem Tod wieder auferstanden ist.	*Muhammad* Muhammad wird in Mekka geboren, wo er als junger Erwachsener auch als Karawanenführer arbeitet. Hier empfängt er von Gott als Offenbarung den Koran. Daraufhin predigt er vom Glauben an den einen Gott, womit er sich den Hass der Mekkaner zuzieht. Schließlich muss er nach Medina flüchten, wo er die erste muslimische Gemeinde gründet.
Tora Das Kernstück der hebräischen Bibel ist die Tora, die die Entstehung der jüdischen Religion und ihre wichtigsten Vorschriften enthält. Besonders bekannt sind die Zehn Gebote.	*Bibel* Die Bibel besteht aus über 60 Büchern, die sich in Altes und Neues Testament aufgliedern. Das AT entspricht in großen Teilen der jüdischen Bibel. Das NT berichtet vom Wirken Jesu.	*Koran* Der Koran gilt als Gottes Wort und wurde den Menschen durch den Propheten Muhammad offenbart. Inhalte der einzelnen Suren sind das Wirken Gottes sowie Vorschriften zum ethisch richtigen Handeln der Gläubigen.

Religiöser Raum:
Synagoge
> S. 98
Kirche
> S. 104
Moschee
> S. 110

Zentrale Persönlichkeit:
Moses
> S. 100
Jesus
> S. 106
Muhammad
> S. 112

Heiliger Text:
Tora
> S. 102
Bibel
> S. 108
Koran
> S. 114

Ich wende mein Wissen kompetent an

Du hast Judentum, Christentum und Islam in ihren Grundzügen kennengelernt. Du kannst erkennen und verstehen, dass alle drei Religionen ...

- auf den Stammvater Abraham zurückzuführen sind.
- nur einen Gott haben, also monotheistische Religionen sind.

M1 Baum der Religionen

1 Der Baum zeigt die drei großen monotheistischen Weltreligionen: Judentum, Christentum und Islam. Ordne die Blätter den einzelnen Stämmen zu. Erstellt gemeinsam einen Baum der Religionen und ergänzt Blätter mit Stichworten und Symbolen.

Durch die Arbeit in den Gruppen, hast du als Experte gelernt, zu überlegen und urteilen, um die Religionen miteinander zu vergleichen. Du weißt durch den Vergleich, ...

- dass jede Religion ihre eigene Form von religiösem Raum, zentraler Persönlichkeit und heiliger Schrift hat.
- dass die drei Religionen durch viele Gemeinsamkeiten verbunden sind.

Kultur
> Glossar

M2 Engel der Kulturen

1 Erkläre die Bedeutung der Skulptur in eigenen Worten.
2 Benenne Gemeinsamkeiten der Religionen, die du durch die Arbeit in den Expertengruppen kennengelernt hast.
3 Diskutiert, ob die Abbildung den Gedanken der Toleranz gegenüber Religionen zum Ausdruck bringt. 3

Für die monotheistischen Religionen ist ethisch handeln und kommunizieren sehr wichtig. Das zeigt sich durch …

- den Zusammenhalt einer Glaubensgemeinde durch eine gemeinsame Schrift, die zum richtigen Handeln anweist.
- die Handlungsmaßstäbe, die zentrale Persönlichkeiten der Religionen predigen und vorleben.

M3 Anleitung zum guten Handeln

Jesus gibt den Menschen in der Bergpredigt viele Vorschläge mit auf den Weg, wie sie sich verhalten sollen. Einer davon handelt von der Feindesliebe:

„Liebt eure Feinde und bittet für die,
die euch verfolgen,
damit ihr Kinder seid eures Vaters
im Himmel.“ *(Matthäus 5, 44-45)*

1 Erkläre das Zitat.
2 Erläutere, wie man den Ratschlag Jesu im Alltag konkret umsetzen könnte und was das für das eigene Handeln bedeutet.

Jesus von Nazaret
> Glossar

Bergpredigt
> Glossar

Durch das Wissen über die wichtigsten Elemente der Religionen, kannst du dich einfühlen und Anteil nehmen und dadurch nachvollziehen, dass für Gläubige wichtig ist, …

- dass ihrem Glauben Toleranz entgegen gebracht wird.
- dass sie ihren Glauben unter anderem beim Gottesdienst in ihrem Gotteshaus frei leben können.
- dass die heiligen Schriften als Offenbarung Gottes und Grundlage des Glaubens gelten.

M4 Von Generation zu Generation

1 Erkläre anhand des Bildes und des Titels, welche Rolle das gemeinsame Lesen der heiligen Schrift für die Gläubigen einnimmt.
2 Erläutere, was Toleranz in Bezug auf den Glauben bedeutet.

Glossar

Alter (Erster) und Neuer (bzw. erneuerter oder Zweiter) Bund Ein Bund hat die Bedeutung eines Bündnisses, Vertrages oder Eides, der zwischen Menschen oder zwischen Gott und den Menschen geschlossen wird und nicht gebrochen werden darf. Im Alten Testament werden u. a. der Bund mit Noah (1. Mose 6, 16 und 9, 8-17), der Abrahamsbund (1. Mose 15ff.) und der Sinaibund mit Mose und dem Volk Israel beschrieben (2. Mose 24). Im Neuen Testament wird laut dem Glauben der Christen der alte oder erste Bund durch das letzte Mahl Jesu vor seinem Tod mit seinen Jüngern erneuert (Lk. 22, 19-20). Christen erinnern sich bei der Feier des Abendmahls bzw. der Eucharistiefeier bis heute an diesen Bundesschluss.

Augmented Reality Der englische Fachbegriff für erweiterte Realität. Hierbei ist gemeint, dass Informationen über Bilder oder Videos gelegt werden. Bei Fußballspielen kann das die Entfernung bei Freistößen mithilfe eines Kreises oder Linien sein. Andere Beispiele wären Brillen, die Informationen zur Umgebung zeigen, sobald man mit der Brille bestimmte Objekte fixiert, oder Handyspiele, bei denen Objekte in die reale Welt projiziert werden.

Bedürfnis Allgemein körperlicher oder geistiger Mangelzustand, der mit dem Streben nach Befriedigung verbunden ist. In allen Gesellschaften wird die Bedürfnisbefriedigung durch soziale Normen geregelt.

Bergpredigt Die Bergpredigt hielt Jesus kurz nach dem Beginn seiner Tätigkeit als Wanderprediger. Sie gilt als ein Höhepunkt der christlichen Lehre. Das Besondere an der Bergpredigt sind die Seligpreisungen, weil Jesus hier gerade die Traurigen, Armen, eher Ausgestoßenen der Gesellschaft lobt, da sie nach seinen Worten Gott alle besonders nahe sind.

Bibel (griechisch *biblia*: Bücher) Die großen Schriftensammlungen des Alten und Neuen Testaments. Das Wort Testament bedeutet so viel wie „Bund". Das Alte Testament ist die Urkunde des Bundes, den Gott mit Israel schloss, das Neue Testament berichtet von dem Bund Gottes mit allen Menschen.

Christentum (griechisch *christos*: Gesalbter, Messias) Ist die größte Weltreligion mit 2,26 Milliarden Anhängern. Das Christentum entwickelte sich aus dem Judentum, die zentrale Figur ist Jesus von Nazaret, der von der christlichen Gemeinde als Messias anerkannt wird und auferstanden ist. Der Glaube an Jesus kommt vor allem im Neuen Testament zum Ausdruck, das zusammen mit dem Alten Testament die christliche Bibel bildet. Der christliche Glaube besagt, dass es einen Gott gibt, der dreifaltig ist und als Vater, Sohn und der Heilige Geist erfahrbar wird.

Empathie (griechisch: *en* „mit", *pathos* „Mitgefühl") Name der Fähigkeit und Bereitschaft, Gefühle, aber auch Schwierigkeiten eines anderen zu erkennen und zu verstehen. Empathie schließt eine angemessene Reaktion darauf ein, wie Verständnis, Mitgefühl und Hilfsangebote.

Europäische Union (EU) Staatenbund mit heute 28 Mitgliedstaaten. Die Anfänge der EU gehen auf die 1950er Jahre zurück, als es galt, durch eine vermehrte wirtschaftliche Zusammenarbeit in Europa militärische Konflikte in der Zukunft zu verhindern. Heute besteht neben einer engen wirtschaftlichen auch eine intensive politische und rechtliche Verflechtung innerhalb der EU.

Evangelium Das Wort „Evangelium" ist die Ableitung vom griech. Wort *eu-angelion* („Siegesbotschaft / Gute Nachricht / Frohe Botschaft"). Die Autoren der vier Evangelien – Matthäus, Markus, Lukas und Johannes – nennt man Evangelisten.

Gemeinschaft Umfasst eine soziale Gruppe, die sich durch ein Zusammengehörigkeitsgefühl bzw. gemeinsame Vorstellungen (z.B. Glaube) bestimmen lässt. Die ursprünglichste Gemeinschaft ist die Kleinfamilie (Mutter – Vater – Kind).

Gesellschaft Gruppierung mehrerer Menschen, die sich durch ein bestimmtes Merkmal (Landesgrenzen, Sprache, Traditionen etc.) miteinander verbunden fühlen und eng verknüpft leben (Volk).

Goldene Regel („Was du nicht willst, dass man dir tu', das füg auch keinem andern zu.") Sie ist seit mehr als zweieinhalbtausend Jahren in philosophischen, religiösen und literarischen Texten aus allen Kulturen in verschiedenen Formulierungen überliefert und wird allgemein als Maßstab für ethisches Handeln anerkannt. Ihre Bedeutung zeigt sich darin, dass jede große Weltreligion eine eigene Formulierung für den Kern der Goldenen Regel entworfen hat und sie als universale Handlungsanweisung versteht.

Islam (*Islām* sich hingeben (an Gott)) Der Islam wurde im 7. Jhd. n. Chr. von Muhammad begründet und ist die zweitgrößte Weltreligion nach dem Christentum. Die Anhänger heißen Muslime („derjenige, der sich Gott hingibt"), sie verehren einen Gott, den sie Allah nennen. Die Heilige Schrift des Islam ist der Koran, den Gott dem Propheten Muhammad offenbart hat. Das heilige Zentrum des Islam ist die Geburtsstadt Muhammads: Mekka. Sie liegt im heutigen Saudi-Arabien und ist für jährlich 2,5 Millionen Muslime das wichtigste Pilgerziel.

Jesus von Nazaret (um 4. v. Chr. – 30/31 n. Chr.) Jesus von Nazaret ist der Religionsstifter des Christentums. Als jüdischer Wanderprediger prophezeite er das Ende der irdischen Welt und die nahe Zukunft des Reiches Gottes. Er forderte von den Menschen eine radikale Umkehr zu Gott und die totale Gottes- und Nächstenliebe. Er geriet in Konflikt mit der religiösen Obrigkeit von Jerusalem und wurde schließlich hingerichtet. Nach christlichem Glauben ist er von den Toten auferstanden. Das christliche Glaubensbekenntnis lautet in einer Kurzformel: „Jesus (ist) Christus" (Jesus ist der Messias). Im Islam gehört Jesus (arabisch: Isa) in die Reihe der Propheten und ist damit ein Vorläufer Muhammads. Unter den Propheten nimmt Jesus einen sehr hohen Rang ein, gilt allerdings nicht als der Sohn Gottes / Allahs.

Judentum (griechisch *ioudaismos*, hebräisch *jahadut*) umfasst die Religion, aber auch kulturelle und traditionelle Lebensweise der jüdischen Gemeinschaft. Als eine der fünf Weltreligionen ist das Judentum mit 3000 Jahren die älteste Religion, in der an nur einen Gott geglaubt wird. Grundlage für den jüdischen Glauben ist die Tora, die sich aus dem Tanach und der „mündlichen Tora" (erläuternde Schriften dazu) zusammensetzt.

Kephas Hieß ursprünglich „Simon", Fischer am See Genezareth, und war zusammen mit seinem Bruder Andreas einer der ersten Jünger Jesu. Verleihung des aramäischen Beinamens durch Jesu: *Kephas* („runder Stein, Edelstein, Fels"); griechische Übersetzung: *Pétros*, latinisierte Form „Petrus".

Konflikt (lateinisch „confligere": Zusammenstoß, Zwiespalt) Interessensgegensatz, aus dem eine Auseinandersetzung folgt.

Koran (arabisch: *al-qur'an* „Lesung", „Rezitation", auch geschrieben: Qu'ran) Der Koran ist das heilige Buch des Islam. Nach islamischem Glauben schrieb Gott im Jahre 610 in der sogenannten Nacht der Bestimmung den Koran in Muhammads Herz. Mit diesem Akt ernannte Gott Muhammad zu seinem Propheten. In den folgenden zwei Jahrzehnten offenbarte der Engel Gabriel Muhammad die 114 Suren des Korans. Die 1. Sure – al-fatiha „die Eröffnende" – gilt als das wichtigste Gebet des Islam. Es wird ausschließlich auf Arabisch gesprochen.

Kultur Die Gesamtheit dessen, was der Mensch hervorbringt, im Unterschied zu der von ihm nicht geschaffenen, unveränderten Natur. Kulturleistungen sind alle formenden Umgestaltungen eines gegebenen Materials (Technik, Handwerk) sowie alle Schöpfungen menschlichen Geistes (Sprache, Literatur, Philosophie, Religion, Kunst, Wissenschaft). Verschiedene Gruppen von Menschen haben dabei unterschiedliche Kulturen.

Levit Die Leviten sind benannt nach dem dritten Sohn Jakobs und betrachten sich als direkte Nachfahren des Stammvaters Levis. Sie erhielten laut der Tora die Aufgabe, sich besonders um den Tempel zu kümmern und haben daher bis heute eine höherrangige religiöse Stellung im Judentum.

Moses (auch: Mose) wichtige biblische Gestalt, die als Mittler zwischen Gott und dem Volk Israel gilt. Die Juden verehren Moses als ihren bedeutendsten Lehrer. Nach dem jüdischen Glauben erschien ihm Gott und gab ihm den Auftrag, das Volk Israel ins Gelobte Land zu führen. Mose kommt dem nach und führt die Israeliten durch das Rote Meer ins Land Kanaan, das später Israel genannt wird. Unterwegs empfängt er auf dem Berg Sinai von Gott die Zehn Gebote.

Muhammad (auch geschrieben: Mohammed, Mohammad) wurde um 570 in Mekka geboren und starb 632 in Medina. Er ist der Religionsstifter des Islam und gilt im Islam als der letzte Prophet, mit dem Gott die Reihe aller Propheten abschließt. Weil Muhammads Offenbarungen in seiner Heimat Mekka auf Widerstand stießen, ging er 622 mit seinen Anhängern in die nahe gelegene Stadt Medina. Diese Flucht wird Hedschra (arabisch: „Auswanderung, Lossagung") genannt und gilt als Beginn der islamischen Zeitrechnung. In Medina wurde Muhammad zum militärischen Anführer und nahm mit seinen Truppen im Jahr 630 Mekka ein. Muhammad ließ aus dem zentralen Heiligtum der Stadt, der Kaaba, die Götterstatuen entfernen und machte es zum höchsten islamischen Heiligtum. Unter Muhammads Nachfolgern breitete sich der Islam rasch im gesamten Nahen und Mittleren Osten aus.

Hinweis zur Schreibung arabischer Namen:
Das Arabische kennt nur drei Vokale: a, i und u. In der gesprochenen Sprache wird u oft zu o und a zu e. Daher findet man neben der deutschen Schreibweise „Muhammad" oft auch „Mohammed". Die Umschrift der Konsonanten ist ebenfalls uneinheitlich, da es im Arabischen Laute gibt, die das lateinische Alphabet nur schwer wiedergegeben kann.

Netiquette Das Wort ist zusammengesetzt aus englisch: *net* „Netz" und französisch: *étiquette.* Meinte ursprünglich an die Wand angeheftete Zettel, die die Rangfolge am französischen Königshof festhielten, später umfasste der Begriff dann Anstandsregeln, bzw. Benimmregeln.

Sakristei Die Sakristei ist in Kirchen ein Nebenraum, in dem aufbewahrt wird, was für den Gottesdienst benötigt wird, z. B. der Wein für das Abendmahl und die kostbaren Becher, aus denen dieser Wein später getrunken wird.

Samariter Ein Samariter gehört der Religionsgemeinschaft der Samaritaner an, die in der Landschaft Samariens lebt. Man bezeichnet damit auch heute selbstlose Helfer oder auch (ehrenamtliche) Hilfsorganisationen.

Seitenschiff Der Raum in einer Kirche, in dem die Gläubigen sitzen. Größere und ältere Kirchen sind oft dreigeteilt. Der Hauptraum heißt Hauptschiff, die beiden daneben sind die Seitenschiffe. Oft sind diese niedriger als das Hauptschiff und werden durch Säulen vom Hauptschiff abgetrennt.

SOS-Kinderdorf Eine nichtstaatliche, überkonfessionelle Organisation, die in über 130 Ländern aktiv ist. In westlichen Ländern wie Deutschland leben in SOS-Kinderdörfern vor allem Kinder, die aus unterschiedlichen Gründen nicht bei ihren leiblichen Eltern wohnen können und über ein Sozialamt in ein solches Dorf kamen, wo sie in familienähnlichen Gruppen betreut werden. In Entwicklungsländern, in vielen Ländern Afrikas z. B., werden in SOS-Kinderdörfern v. a. Waisenkinder betreut. SOS ist die Abkürzung für „Societas Socialis", was mit „soziale Gemeinschaft" übersetzt werden kann. Diese Organisation setzt sich weltweit für Kinderrechte ein. Das SOS-Übergangszentrum Khenshara ist ein Heim für unbegleitete syrische Flüchtlingskinder im Alter von zwei bis 14 Jahren, die dort von SOS-Mitarbeitenden betreut werden.

Stereotyp (französisch: *stéréotype* „mit gegossenen feststehenden Typen [Buchstaben] gedruckt", abgeleitet von griechisch *stereos* „starr", „fest" und *typos* „Schlag", „Eindruck", „Muster") Stereotyp steht für die vereinfachende und verallgemeinernde Darstellung von etwas, das komplex ist. Vorteil einer stereotypen Darstellung ist die Konzentration auf das Wesentliche. Wird das verfehlt, haben Stereotypen den Nachteil, dass sie zu falschen oder bedeutungslosen Erklärungen führen.

Tora Tora oder Thora ist hebräisch und heißt ins Deutsche übersetzt: Weisung oder Lehre. Die Tora besteht aus fünf Büchern (in der christlichen Bibel bekannt als die fünf Bücher Mose).

UN, United Nations Die Vereinten Nationen (dt.) sind eine Staatenverbindung, die 1948 gegründet wurde und der zur Zeit 193 Länder angehören. Ihre wichtigsten Aufgaben und Ziele sind die Sicherung des Weltfriedens, die friedliche Schlichtung von Streitigkeiten, der Schutz der Menschenrechte und die Förderung der internationalen Zusammenarbeit. Die in der UN-Kinderrechtskonvention formulierten Kinderrechte sind Menschenrechte, in denen die spezifischen Bedürfnisse der Kinder festgeschrieben sind.

Virtual Reality (deutsch: „virtuelle Realität") Eine virtuelle Realität meint eine vom Computer errechnete Welt, die einem, wenn man die entsprechende Ausrüstung nutzt (z. B.

eine spezielle Brille), wie die Wirklichkeit vorkommt. Je nachdem, wohin der Nutzer sieht, zeigt sich eine vollständige Welt. Mit entsprechenden Handschuhen lassen sich auch Gegenstände in der virtuellen Welt greifen und wie in der Wirklichkeit benutzen.

Werte Vorstellungen von etwas, das gewünscht, erstrebt, anerkannt ist, allgemeine und grundlegende Orientierungsmaßstäbe bei Handlungen. Ein Wert ist also eine allgemein anerkannte Leitlinie. Eine Norm dient der Erfüllung dieser Leitlinie. Ein einfaches Beispiel: Für den Straßenverkehr ist es ein Wert, dass eine möglichst hohe Sicherheit herrscht. Es muss also eine Norm geben, die Unfälle verhindert. Daher ist die Norm vorgeschrieben, dass Fahrzeuge auf der Straße rechts – oder in anderen Ländern links – fahren müssen. Wie eine Norm im Einzelnen geregelt ist, spielt zunächst keine Rolle; wichtig ist, dass sie vorhanden ist, umgesetzt werden kann und allgemein anerkannt wird.

Arbeitsformen

Bildbetrachtung 1

Um Bilder und ihre Aussagen zu verstehen, sollte man in fünf Schritten vorgehen:

1. Hinschauen / Beschreiben:
Was sehe ich? Wie empfinde ich, was ich sehe? Was fühle ich?

2. Zeigen / Erklären:
Wie ist das Bild aufgebaut? Aus welchen Bereichen / Bildelementen besteht es?

3. Sich hineinversetzen / Verstehen:
Was bedeuten die einzelnen Elemente? Wie denken die Personen auf dem Bild? Was will mir das Bild insgesamt sagen? Kenne ich andere Bilder, Geschichten oder Texte, die ein ähnliches Thema haben? Wie verhält sich das Bild zu seinem Titel?

4. Dafür- und dagegensprechen:
Werden auf dem Bild unterschiedliche Meinungen vertreten? Welche anderen Meinungen sind denkbar? Was spricht jeweils dafür oder dagegen? Wie stehe ich dazu?

5. Erfinden / Entdecken:
Wie lassen sich die Gedanken des Bildes weiterentwickeln? Muss / Kann das Bild vielleicht ergänzt werden und wenn ja, wie?

Collage 2

In einer Collage werden verschiedene Einzelteile, z. B. Bilder, Fotos, Zeitungsausschnitte, Papierstücke, zu einem neuen Ganzen zusammengefügt. Und so geht ihr dabei vor:

1. Bildet Kleingruppen und sammelt (inhaltliche) Ideen für die Collage. Welche Aspekte oder Gesichtspunkte fallen euch als erste ein, welche sind euch besonders wichtig? Welche Besonderheiten lassen sich gut darstellen oder ausdrücken? Welche Gestaltung passt am besten zu den ausgewählten Inhalten?
2. Für das Erstellen einer Collage benötigt ihr verschiedene Materialien: große Papierbögen (Plakatkarton), Scheren, Klebstoff, Farb- oder Plakatstifte, Textmarker, farbiges Papier zum Hervorheben …
3. Sammelt aus Zeitungen, Illustrierten, Prospekten usw. möglichst viele verschiedene Bilder und Texte.
4. Eine Collage ist Kunst. Seid kreativ und gebt eurer Collage einen besonderen Ausdruck.

Debatte / Diskussion 3

Wenn ihr komplexe und strittige Sachverhalte in Gesprächen und Diskussionen klären wollt, sollte jeder von euch folgende Regeln einhalten:

1. Höre deinen Mitschülern gut zu.
2. Falle ihnen nicht ins Wort; lasse sie ausreden.
3. Knüpfe an die Gedanken deiner Vorredner an.
4. Drücke dich so klar wie möglich aus.

Podiumsdebatte

Hier nehmen einige Schülerinnen und Schüler die Position von Fachleuten oder Vertreterinnen und Vertretern bestimmter Interessensgruppen in einem Gespräch vor der Klasse ein. Sie stellen ihre Auffassungen dar und vergleichen sie. Es ist dabei unbedingt zu beachten, dass das Gespräch kein Streitgespräch wird, sondern durch den Austausch von Argumenten auf wechselseitigem Verständnis beruht. Es kann hilfreich sein, einen Moderator oder eine Moderatorin zu bestimmen.

Pro- und Contra-Debatte (Streitgespräch)

Mit einer Pro- und Contra-Diskussion oder einem Streitgespräch könnt ihr unterschiedliche Standpunkte zum Ausdruck bringen und auf ihre Tragfähigkeit hin prüfen. Eine Diskussion bietet sich dann an, wenn ein umstrittenes Thema oder eine Entscheidungsfrage ansteht. Der in der Sache harte, aber faire Austausch von Argumenten soll die gegnerische Partei von der eigenen Meinung überzeugen. Eine Diskussion kann zum Beispiel so geführt werden:

1. Vorstellung des zu diskutierenden Problems
2. erste Abstimmung
3. Sammeln von Argumenten in Gruppen (Pro und Contra)
4. Vorstellen der Argumente vor der Klasse
5. Gedankenaustausch über die Argumente
6. zweite Abstimmung

4 Innerer Monolog

Um einen Inneren Monolog zu verfassen, versetzt man sich in die Lage der Figur / Person und schreibt ihre möglichen Gedanken zu einem Ereignis ganz genau auf. Wichtig sind dabei vor allem auch die Gefühle, die erst deutlich machen, aus welcher Position jemand eine Situation wahrnimmt. Man schreibt den Inneren Monolog in direkter Rede, der Gegenwart (Präsens) und der Ich-Form.

5 Internetrecherche

Damit du dich bei deiner Recherche im „world wide web" nicht verlierst, solltest du gezielt vorgehen:

- Stelle dir zunächst eine detaillierte Liste für Suchbegriffe zusammen. Je enger und genauer du den oder die Begriffe formulierst, desto höher sind deine Erfolgschancen.
- Mithilfe von sogenannten Operatoren kannst du noch genauer suchen: Schreibe ein +-Zeichen oder „und" zwischen zwei Begriffe, wenn alle Begriffe im Suchergebnis enthalten sein sollen. Setze mehrere Begriffe in Anführungszeichen, wenn du genau diese Formulierung oder den Namen suchst (zum Beispiel „Goldene Regel").
- Notiere dir stets die gesamte Internetadresse und das Datum deiner Recherche, damit du den Fundort deiner Informationen immer angeben kannst. Am besten kopierst du den Link in eine Datei.
- Vergewissere dich, ob die Informationen zuverlässig und glaubwürdig sind. Da jedermann im Internet seine Meinung verbreiten kann, findet man hier auch viele Unwahrheiten. Vertrauenswürdige Seiten mit zuverlässigen Informationen sind zum Beispiel die Internetseiten von Behörden und Institutionen (zum Beispiel Bibliotheken, Museen, Universitäten) oder von Tageszeitungen und Nachrichtenagenturen, die überregional bekannt sind. Folgende Fragen zur Zuverlässigkeit der Internetseite kannst du beispielsweise stellen: Wer sind die Autoren, wer hat die Seite ins Netz gestellt (Impressum)? Wie aktuell sind die Informationen? Wann war das letzte Update? Gibt es Literatur- oder Quellennachweise?

6 Lapbook

Im Grunde ist ein Lapbook eine kleine bis größere Mappe, die man üblicherweise mehrfach aufklappen kann. In diese können Stufenbücher, Leporellos oder zum Beispiel Kreisbücher eingeklebt werden. Auch Klappkarten, Umschläge mit Kärtchen, Taschen oder Pop-ups sind denkbar. Auf diese Art findet der Leser immer wieder Neues beim Anschauen.

Mindmap

7

Mindmap, wörtlich „Gedankenlandkarte", ist eine Methode, Informationen zu ordnen und zu veranschaulichen. Dabei werden Gedanken in Begriffe oder Symbole gefasst und in einem Bild dargestellt. Auf diese Weise soll deutlich werden, wie die einzelnen Begriffe zusammenhängen. Das Thema der Mindmap steht im Mittelpunkt des Blattes, die Hauptgedanken bilden die Äste, von denen wiederum Nebenäste abzweigen können. Sie eignen sich auch gut dazu, Assoziationen, Gedanken, Vorstellungen und Wünsche von mehreren Personen in einer „map" darzustellen. Hier ein Mindmap-Beispiel für die verschiedenen Bereiche deiner Rollen, die du im Alltag einnimmst:

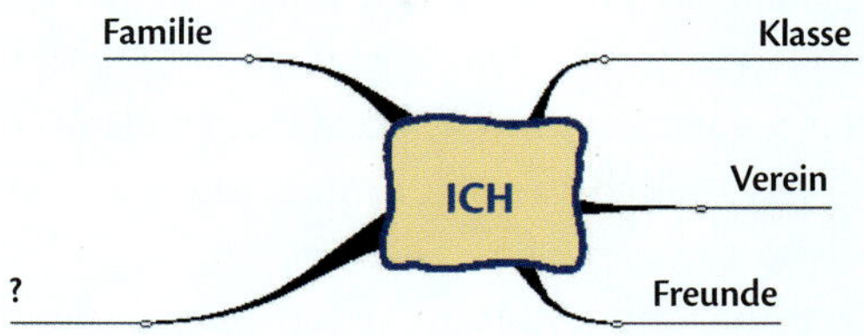

Plakatgestaltung

8

Auf folgende Punkte solltest du achten:

- Meine Überschrift ist groß und deutlich.
- Mein Plakat ist ansprechend gestaltet.
- Mein Plakat ist übersichtlich.
- Mein Plakat ist mit Bildern und / oder Zeichnungen geschmückt.
- Mein Plakat enthält alle wichtigen Angaben.
- Ich habe eine besondere Textstelle ausgesucht und auf meinem Plakat festgehalten.
- Ich habe den Inhalt meines Themas kurz in eigenen Worten wiedergegeben.
- Meine Schrift ist sauber, ordentlich und gut lesbar.
- Ich habe alles richtig geschrieben.

Präsentation

9

Auf dem Weg zum eigenen Thema

Überlege für dich: Wovon bin ich sofort berührt? Was möchte ich untersuchen bzw. klären? Welche Fragen stellen sich mir?

- Überlege zum Thema: Worum geht es? Habe ich schon Vorkenntnisse? Welche unterschiedlichen Auffassungen zum Thema gibt es? In welchem Zusammenhang mit dem Unterricht steht mein Thema?
- Daraus folgen Überlegungen zum Publikum: Was wissen meine Mitschüler und Mitschülerinnen schon über das Thema? Wo kann ich anknüpfen? Wie kann ich ihr Interesse wecken?

Das will ich sehen! – Veranschaulichung

- Setze Medien und Anschauungsmaterial ein, um deine Präsentation zu unterstützen. Überlege dir, welche Medien für deinen Vortrag sinnvoll sind und übertreibe nicht mit dem Medieneinsatz.
- Beschränke dich auf die wichtigsten Punkte und gestalte deine Veranschaulichung möglichst knapp. Denke an das Publikum: Jeder im Publikum muss alle Elemente deiner Veranschaulichung (z. B. Powerpoint, Schaubilder) sehen können. Wichtig sind:

1. **Lesbarkeit:** Druckbuchstaben in Groß- und Kleinschreibung verwenden; Stichworte, keine ganzen Sätze; Schriftgröße nicht zu klein
2. **Anordnung:** logische Struktur (vergleichend / gegensetzend, dem zeitlichen Ablauf nach, reihend ...); Übersichtlichkeit, möglichst einfache Darstellung, Leserichtung (von links nach rechts, von oben nach unten)
3. **Gestaltung:** sinnvoller Farbeinsatz (dunkle Töne für die Schrift, maximal drei Farben, Symbolcharakter der Farben beachten); Blattaufteilung vornehmen; Gestaltungselemente sinnvoll einsetzen (Pfeile, Symbole, Diagramme, Karten, Grafiken, Bilder ...); ausgewogenes Verhältnis zwischen Schrift und Bild
4. **Organisation:** Dauer der Präsentation einzelner Darstellungen vorher überlegen; eigenen Standort festlegen

10 **Standbild**

Ein Standbild ist eine mit Körpern von Personen gestaltete Darstellung eines Problems, eines Themas oder einer sozialen Situation. Durch diese Methode können Haltungen, Einstellungen und Gefühle verbildlicht werden, ohne dass gesprochen wird.

1. Im Vorhinein kann sich eine Gruppe darüber verständigen, wie sie das Standbild aufbauen möchte.
2. Während des Aufbaus wird dann aber nicht mehr geredet.
3. Wer als Baumeister(in) bestimmt wurde, stellt die Personen – wie abgesprochen – auf.
4. Der (die) Baumeister(in) korrigiert Positionen und Ausdruck, bis alle ihre endgültige Haltung eingenommen haben.
5. Diejenigen, die dem Standbildbau zugesehen haben, versuchen herauszufinden, was dargestellt wird.

11 **Wandzeitung**

Ziel: Eine Wandzeitung dient der Präsentation der Arbeitsergebnisse einer Teil- bzw. Expertengruppe und soll mehr Informationen bieten als ein Poster, jedoch weniger als eine Tageszeitung oder eine ausführliche Präsentation des Themas. Die Wandzeitung soll die anderen Schüler dazu anregen, näher zu treten und sich mit dem dargestellten Thema intensiver auseinander zu setzen.

Materialien: Plakat, Wandzeitungsseite in Form einer Tapete, Stifte, Schere, Lineal, Klebstoff, Zeitschriften, Bilder etc.

Arbeitsschritte:

1. Schritt: Buchseiten bearbeiten und Vorüberlegungen anstellen
- Überlegt gemeinsam, welche Informationen ihr gesammelt habt.
- Einigt euch auf die wichtigsten Informationen und entscheidet gemeinsam, was unbedingt dargestellt werden sollte.
- Überlegt, wie ihr noch fehlende Informationen erhalten könntet und teilt ein, wer die Informationen einholt.

2. Schritt: Material prüfen und Skizze der Wandzeitung anfertigen
- Prüft das Material, sammelt, sortiert und wählt aus, was ihr übernehmen möchtet.
- Fertigt eine Skizze eurer Wandzeitung mit der genauen Anordnung an: Wo finden Texte, Themen, Überschriften und Bilder ihren Platz? Teilt euch die Abschnitte auf der Wandzeitungsseite ein.

3. Schritt: Verfassen eigener Texte und Organisation der Bilder
- Verfasst nun die Erklärungen als eigene Texte mit eurer Wortwahl und erklärt dabei Fremdwörter oder Begriffe.
- Kopiert Bilder, die ihr geeignet findet.
- Stellt Zahlen als Diagramm anschaulich dar.
- Überlegt gemeinsam, ob ihr mit dem Computer oder mit Hand schreibt.
- Lest die Texte einmal Korrektur, bevor sie auf die Wandzeitung übertragen werden.

4. Schritt: Wandzeitung gestalten
- Jede Kleingruppe / Expertengruppe erhält einen bestimmten Platz an der Wand.
- Ordnet eure Materialien – nach eurer erstellten Skizze – übersichtlich an und probiert verschiedene Möglichkeiten aus, bevor ihr die Informationen aufklebt.
- Eine gute Mischung aus Bildern, Diagrammen und Texten ist dabei wichtig. Lasst genügend Platz zwischen den einzelnen Materialien.
- Achtet auf eine gute Lesbarkeit der Schrift.

5. Schritt: Wandzeitung präsentieren (z. B. in Form eines Gallery-Walks vgl. S. 97)

Methoden

Aktives Zuhören

Ein guter Zuhörer hört nicht passiv zu, sondern signalisiert durch bestimmte Zeichen seinem Gegenüber, dass er aktiv bei der Sache ist. Dadurch macht man deutlich, dass man interessiert ist, der andere einem wichtig ist und man sich für ihn Zeit nehmen möchte. Signale, die du dazu senden kannst, sind eine zugewandte Körperhaltung, Blickkontakt und Nicken bei Zustimmung, sowie kurze Äußerungen im Gesprächsfluss. Um dem anderen zu verdeutlichen, dass du gut zugehört hast, solltest du das Gesagte kurz in eigenen Worten zusammenfassen, bevor du darauf reagierst, und Fragen stellen, wenn du etwas nicht verstanden hast.

Ich-Botschaften

Darunter versteht man persönliche Äußerungen, mit denen die Sprecherin / der Sprecher ihre / seine eigenen Meinungen und Gefühle mitteilt und damit sich selbst offenbart. So lernt die Empfängerin / der Empfänger die tatsächlichen Gefühle und Bedürfnisse der anderen Person kennen. Im Unterschied zu negativen Du-Botschaften fühlt sich die angesprochene Person mit Ich-Botschaften nicht angegriffen und muss sich nicht verteidigen. Ich-Botschaften helfen deshalb, Streit zu verhindern und Konflikte zu entschärfen.

Rollenspiel

Plan-, Entscheidungs- und Rollenspiele bieten die Möglichkeit, spielerisch die Realität zu simulieren, Argumentationsmuster zu erproben und auf Probe zu handeln. Individuelle oder gesellschaftliche Konflikte können aufgegriffen und in verteilten Rollen in Hinblick auf mögliche Lösungsalternativen durchgespielt werden. Dadurch werden insbesondere auch ganzheitliches Lernen und selbstbestimmtes Handeln gefördert.

Wertschätzendes Feedback

Wenn man anderen Menschen Rückmeldungen gibt, können diese sehr unterschiedlich ausfallen. Wir selbst entscheiden, ob der andere unsere Rückmeldung als hilfreich einstufen oder abweisen kann – indem wir diese so wertschätzend wie möglich formulieren. Dieses Feedback (eng. *to feedback* „etwas rückführen") solltest du folgendermaßen gestalten:

1. Sei sachlich und freundlich.
2. Wähle die Ich-Form und beschreibe eine konkrete Handlung oder Situation.
3. Beschreibe deine persönlichen Gefühle, Empfindungen und Überlegungen, die der andere bei dir ausgelöst hat.
4. Äußere keine Vorwürfe und fordere keine Änderungen, sondern unterbreite konkrete Vorschläge.

Textnachweise

Was ich mag und was mir gut tut

Freundschaft

Autorin: Verena Schmid Blumer

S. 10/11: M3 Mark Zuckerberg. 29.10.2008. Online: http://www.gq-magazin.de/auto-technik/internet/facebook-das-private-ist-ueberbewertet (04.01.2018); M4 Wolfgang Herrndorf: Tschick. Berlin: Rowohlt 2010, S. 87–88.

S. 12/13: M1 Jacobs Studie 2014. Online: http://www.ifd-allensbach.de/uploads/tx_studies/Jacobs_Freunde_fuers_Leben_2013.pdf S. 22 (04.01.2018); M2 Verena Schmid Blumer (Originalbeitrag); M3 nach Aristoteles: Nikomachische Ethik. Übers. und mit Nachwort von Franz Dirlmeier. Anmerkungen von Ernst A. Schmidt. Stuttgart: Philipp Reclam jun. 1987, S. 213-218.

S. 14/15: M1 Jörg-Dieter Kogel (Hg.): Knigge für jedermann. Vom Umgang mit Menschen. Frankfurt am Main: Insel Verlag 1996, S. 81f.; M2 Verena Schmid Blumer (Originalbeitrag)

S. 16/17: M1-M2 William Sutcliffe: Falsche Freunde. Aus dem Englischen von Ann Lecker-Chewiwi, München: cbj/C. Bertelsmann Jugendbuch Verlag 2005, S. 10, 48, 71–73.

S. 20/21: M1 Stefanie Höfler: Mein Sommer mit Mucks. Mit Vignetten von Franziska Walther. Weinheim: Beltz & Gelberg 2015, S. 7–9, 19–23, 33, 53–54, 61–62.

Freizeitgestaltung

Autor: Lars Fischer

S. 24/25: M2 Lars Fischer (Originalbeitrag)

S. 30/31: M2 HNA Portal. 03.09.2012. Online: https://www.hna.de/lokales/hofgeismar/immer-mehr-kinder-plagt-freizeitstress-2486642.html (04.01.2018); M3 Augsburger Allgemeine: Skiunfälle werden weniger, dafür aber schwerer. 23.01.2017. Online: http://www.augsburger-allgemeine.de/bayern/Skiunfaelle-werden-weniger-dafuer-aber-schwerer-id40280957.html (04.01.2018), Axel Döhring: Warum Kunstschnee der Umwelt schadet. 21.01.2014. Online: http://www.fr.de/leben/reise/experte-erklaert-warum-kunstschnee-der-umwelt-schadet-a-620770 (04.01.2018)

S. 32/33: M1 Barbara Szlagor (Originalbeitrag); M2 Philipp Lahm: Der feine Unterschied. München: Antje Kunstmann GmbH 2011, S. 15, 25 u. 252.

S. 36/37: M1 Jörg Peters; M4 Barbara Szlagor (Originalbeitrag)

Glück und Lebensfreude

Autorin: Stefanie Pfister

S. 42/43: M2 Brüder Grimm: Die Sterntaler. In: Die schönsten Kinder- und Hausmärchen. Kapitel 162. Online: http://gutenberg.spiegel.de/buch/-6248/162 (04.01.2018)

S. 44/45: M2 Rolf Merkle: Lebensweisheiten von der Freiheit der Entscheidung. Online: https://www.palverlag.de/lebensweisheit-akzeptieren-was-geschieht.html (04.01.2018); M3 Christine Nöstlinger u. Jutta Bauer: Ein und alles. Kalender für jeden Tag. Weinheim/Basel: Beltz & Gelberg 1992

S. 48/49: M2 Hermann Hesse: Chinesische Parabel. In: China. Weisheit des Ostens. Hg. von Volker Michels. Frankfurt a. M.: Suhrkamp 2009, S. 98.

S. 50/51: M1 Nach Mihaly Csikszentmihalyi: Flow. Das Geheimnis des Glücks. Übers. von Annette Charpentier. Stuttgart: Klett-Cotta 2004, S. 80–88.; M2 Lara Williams: YouTube-Pranks wissenschaftlich erklärt: Warum Eltern so tun, als würden sie ihr Kind in die Luft sprengen. 23.11.2016. Online: https://www.vice.com/de/article/ex74p7/was-die-beliebtheit-der-prank-kultur-ueber-uns-aussagt (04.01.2018); M3 Cristiano Ronaldo, übersetzt. Online: http://www.kicker.de/news/fussball/em/teams/646144/artikel_wenn-alle-mein-level-haetten-waeren-wir-erster.html, https://de.sports.yahoo.com/news/champions-league-stimmen-suche-rekorde-231233363.html, https://www.randomhouse.de/Den-narzisstischen-Mann-verstehen/Fallbeispiel:-Christiano-Ronaldo/aid70348_13691.rhd (04.01.2018)

S. 52/53: M2 Daniel Dickkopf: Es ist nicht immer leicht, Edition WISE GUYS, Köln; M3 nach SWR2 AULA für Kinder – Manuskriptdienst: Über Marzipanschweine und Schonsteinfeiger. Was ist eigentlich Glück? Autor und Sprecher: Dr. Eckart von Hirschhausen. Redaktion: Ralf Caspary. Sendung: Pfingstmontag, 28. Mai 2007, 8.30 Uhr
S. 56/57: M1 basierend auf http://www.sueddeutsche.de/wirtschaft/bruttonationalglueck-dieser-mann-verwaltet-das-glueck-eines-ganzen-landes-1.3541459 (04.01.2018); M4 Simone Knjasew (Originalbeitrag)

Das Fremde verstehen und damit umgehen

Autorin: Verena Schmid Blumer

S. 60/61: M1 Verena Schmid Blumer (Originalbeitrag); M3 Stephan Handel: Klingt komisch. In: Süddeutsche Zeitung für Kinder, Ausgabe Nr. 24, Dezember 2015, S. 18.
S. 62/63: M2 Benedikt Warmbrunn: Gegen böse Worte. In: Süddeutsche Zeitung für Kinder, Ausgabe Nr. 24, Dezember 2015, S. 13.
S. 64/65: M1 Johann Gottfried Herder. Online: https://www.aphorismen.de/zitat/61187 (04.01.2018), Herbert Grönemeyer: Keine Heimat. Heimat ist kein Ort, Heimat ist ein Gefühl. Grönland Musikverlag, Berlin., Christian Morgenstern. Online: https://www.aphorismen.de/zitat/6614 (04.01.2018), Kurt Tucholsky. Online: https://www.aphorismen.de/zitat/103589 (04.01.2018); M3 SOS Kinderdörfer weltweit. Flüchtlingskrise: Kinder berichten von Flucht. Online: https://www.sos-kinderdoerfer.de/aktuelles/sos-geschichten/fluchtlingskinder-berichten-von-flucht (04.01.2018)
S. 66/67: M2 Mohamad Alkhalaf: Der Vorteil des Vorurteils. 13.10.2016. Online: http://www.sueddeutsche.de/muenchen/neue-heimat-der-vorteil-des-vorurteils-1.3204821 (04.01.2018)
S. 68/69: Grundwissen Johann Wolfgang Goethe: Maximen und Reflexionen. Werke. Hamburger Ausgabe. Band 12. 9. Aufl. München: dtv 1981, S. 385.; M1 Verena Schmid Blumer (Originalbeitrag); M2 Süddeutsche Zeitung: Schweizer Schüler müssen Lehrerinnen die Hand geben. 25.05.2016. Online: http://www.sueddeutsche.de/panorama/handschlag-debatte-schweizer-schueler-muessen-lehrerinnen-die-hand-geben-1.3006458 (04.01.2018)
S. 72/73: M4 Verena Schmid Blumer (Originalbeitrag)

Elektronische Medien im eigenen Leben

Autor: Michael Richling

S. 76/77: M2 Melanie Heise
S. 78/79: M1-M2 Bärbel Körzdörfer: Jungs auf Skype. Köln: Baumhaus Verlag in der Bastei Lübbe AG 2010, S. 7 und S. 10.; M3 Sabine Menkens: Wenn WhatsApp zum kleinen Glück eines Menschen wird. 10.12.2015. Online: https://www.welt.de/politik/deutschland/article149805158/Wenn-Whatsapp-zum-kleinen-Glueck-eines-Menschen-wird.html (04.01.2018)
S. 80/81: M1 Eva Völler: Zeitenzauber. Die magische Gondel. Köln: Bastei Lübbe AG 2014, S. 11.; M2 Ursula Poznanski: Erebos. Bindlich: Loewe 2010. S. 219.; M3 Friedemann Karig: Dieser Generator macht die Verbreitung von Fake News super einfach. Online: https://www.jetzt.de/digital/fake-news-generator-paul-newsman (04.01.2018)
S. 82/83: M1 Michael Richling (Originalbeitrag); M2 Strafgesetzbuch. Online: http://www.stgb.de/gesetzestexte.html (04.01.2018)
S. 84/85: M2 Verena Schmid Blumer (Originalbeitrag)

Judentum, Christentum und Islam

Autorin: Stefanie Pfister

S. 92/93: M2 nach Sehen – Staunen – Wissen. Judentum. Geschichte, Lehre und Kultur. Text von Douglas Charing. Aus dem Englischen von Cornelia Panzacchi. Hildesheim: Gerstenberg 2003, S. 8., Einheitsübersetzung der Heiligen Schrift © 1980 Katholische Bibelanstalt GmbH, Stuttgart

S. 94/95: M2 Einheitsübersetzung der Heiligen Schrift © 1980 Katholische Bibelanstalt GmbH, Stuttgart, Der Koran. Neuübertragen von Hartmut Bobzin unter Mitarbeit von Katharina Bobzin. München: C.H. Beck 2010

S. 98/99: M2 Stefanie Pfister (Originalbeitrag); M3 nach Michael Landgraf: Schalom Martin. Eine Begegnung mit dem Judentum. Wiesbaden: Marixverlag 2006, S. 110-115.

S. 100/101: M2 Einheitsübersetzung der Heiligen Schrift © 1980 Katholische Bibelanstalt GmbH, Stuttgart; M3 nach Wolfgang Straßer, Einheitsübersetzung der Heiligen Schrift © 1980 Katholische Bibelanstalt GmbH, Stuttgart

S. 102/103: M2 nach Wolfgang Straßer, M3 Lawrence Kushner: Das Buch der Wunder. Jüdische Spiritualität für junge Leute. Berlin: Jüdische Verlagsanstalt 2003, S. 33-34.

S. 104/105: M2 Stefanie Pfister (Originalbeitrag)

S. 106/107: M2 Stefanie Pfister (Originalbeitrag); M3 Einheitsübersetzung der Heiligen Schrift © 1980 Katholische Bibelanstalt GmbH, Stuttgart; M4 Einheitsübersetzung der Heiligen Schrift © 1980 Katholische Bibelanstalt GmbH, Stuttgart

S. 108/109: M1 nach Sylvia Kröger; M3 Einheitsübersetzung der Heiligen Schrift © 1980 Katholische Bibelanstalt GmbH, Stuttgart

S. 110/111: M2 nach Monika und Udo Tworuschka: Islam Lexikon. Düsseldorf: Patmos 2002, S. 72 u. 151.

S. 112/113: M2 Der Koran. Neuübertragen von Hartmut Bobzin unter Mitarbeit von Katharina Bobzin. München: C.H. Beck 2010; M3 nach Wolfgang Straßer

S. 114/115: M1 nach Wolfgang Straßer; M2 Der Koran. Aus dem Arabischen neu übertragen von Hartmut Bobzin unter Mitarbeit von Katharina Bobzin. München: C.H. Beck 2012; M3 nach Wolfgang Straßer

S. 118/119: M3 Einheitsübersetzung der Heiligen Schrift © 1980 Katholische Bibelanstalt GmbH, Stuttgart

Bildnachweise

© 2010 Baumhaus Verlag in der Bastei Lübbe AG, Köln – S. 78 • © 2011 Baumhaus Verlag in der Bastei Lübbe AG, Köln – S. 80 • © ADRA Deutschland e. V., Weiterstadt – S. 45 • akg-images / Cameraphoto / © Pechstein-Hamburg, Tökendorf / info@pechstein.de, Berlin – S. 62; - / Roland and Sabrina Michaud – S. 112; - / Mondadori Portfolio / 1960 / Electa – S. 102; - / Carl-W. Röhrig, Berlin / © VG Bild-Kunst, Bonn 2018 – S. 44 • © Atelier Gregor Merten, Carmen Dietrich, Burscheid – S. 118 • Baaske Cartoons / Peter Butschow, Müllheim – S. 11; - / Burkhard Mohr – S. 72 • Julius Beltz GmbH & Co. KG, Weinheim – S. 21 • Bridgeman Images, Berlin – S. 114 • Cartoonstock / Jack Corbett, Bath – S. 36; - / Wilfred Hildonen – S. 47 • dpa Picture-Alliance / AA / Islam Yakut, Frankfurt – S. 111; - / akg-images – S. 42, 100; - / APA / picturedesk.com / Roland Mühlanger – S. 31; - / Arco Images GmbH / Henry, P. – S. 31; / - blickwinkel / McPhoto – S. 31; - / Eibner-Pressefoto – S. 48; - / epd / pool / DB Hanno Gutmann – S. 105; - / Axel Heimken – S. 83; - / Maxppp Delphine Goldsztejn – S. 53; - / nordphoto / nph / Bratic – S. 48; - / Stefan Puchner – S. 31; - / Report / PHOTOPQR / L'Alsace / Maxppp Patrick Fluckiger – S. 90/91; - / Westend61 / Jana Fernow – S. 48; - / Westend61 / Wolfgang Weinhäupl – S. 48 • F1online / Carol Angel / Icon Images – S. 22/23 • fotolia / askaja – S. 43; - / carballo – S. 74; - / Martin Debus – S. 110; - / Zlatan Durakovic – S. 10 • Getty Images / Corbis / Hal Beral, München – S. 98; - / E+ / nano – S. 98; - / Getty Images News / Jason Dorday – S. 63; - / Lonely Planet Images / Michael Marquand – S. 110; - / Moment / George Papapostolou photographer – S. 104; - / Moment Open / Lynne Gilbert – S. 98 • Nora Hartmann, Bamberg – S. 38/39 • Herlinde Koelbl, Neuried – S. 64 • © Loewe Verlag GmbH, Bindlach 2010 – S. 80 • Mauritius Images / - / Alamy Stock Photo / ART Collection – S. 109; - / Alamy Stock Photo / Art Collection 3 – S. 106; - / Alamy Stock Photo / Paul Fearn – S. 6/7 • Frank Nikol, Hamburg – S. 73 • Statista GmbH, Hamburg – S. 27 • thinkstock / Creatas / Creatas Images – S. 10; - / Creatas / Jupiterimages – S. 10, 50; - / DigitalVision – S. 50; - / Barry Austin – S. 10; - / iStockphoto / 3D_Sparrow – S. 56; - / iStockphoto / ajr_images – S. 66; - / iStockphoto / B-C-Designs – S. 119; - / iStockphoto / bedya – S. 75; - / iStockphoto / BRFox – S. 48; - / iStockphoto / browndogstudios – S. 8, 9 (2); - / iStockphoto / Cao Chunhai – S. 61; - / iStockphoto / DGLimages – S. 24; - / iStockphoto / Antonio_Diaz – S. 24; - / iStockphoto / doble-d – S. 77; - / iStockphoto / fotocón – S. 110; - / iStockphoto / Fotokostic – S. 24; - / iStockphoto / hermandesign15 – S. 8; - / iStockphoto / Highwaystarz-Photography – S. 40, 66, 85; - / iStockphoto / JackF – S. 29; - / iStockphoto / JPWALLET – S. 10; - / iStockphoto / Kenny10 – S. 104; - / iStockphoto / Khosrork – S. 66; - / iStockphoto / macrovector – S. 58; - / iStockphoto / mactrunk – S. 48; - / iStockphoto / marieclaudelemay – S. 76; - / iStockphoto / monkeybusinessimages – S. 40, 75; - / iStockphoto / Ocus Focus – S. 74; - / iStockphoto / p_ponomareva – S. 88; - / iStockphoto / pingebat – S. 8; - / iStockphoto / Andrey Popov – S. 33; - / iStockphoto / Nataliia_Pyzhova – S. 60; - / iStockphoto / scyther5 –

S. 29; - / iStockphoto / serge-75 – S. 102; - / iStockphoto / SerrNovic – S. 83; - / iStockphoto / Sladic – S. 88; - / iStockphoto / Syldavia – S. 89; - / iStockphoto / tatyana_tomsickova – S. 24; - / iStockphoto / Teefa – S. 61; - / iStockphoto / Travel-souls – S. 48; - / iStockphoto / Vadimguzhwa – S. 40; - / iStockphoto / Yalana – S. 76; - / iStockphoto / Yayayoyo – S. 9; - / Paul – S. 33; - / Purestock – S. 24; - / Stockbyte – S. 10, 40; - / Stockbyte / Brand X Pictures – S. 104; - / Stockbyte / Comstock Images – S. 50; - / Wavebreak Media / Wavebreakmedia Ltd – S. 24, 66, 76, 86 • Vario Images / Cultura RF – S. 37 • © Verlagsgruppe Random House GmbH / CBJ-Verlag, München – S. 16 • Ruedi Widmer, Winterthur – S. 85 • www.wikimedia.org / Harald Bischoff / CC BY-SA 3.0 – S. 33